海南乡村排球文化的传承与发展研究

徐晓娟　吴清莉　吴　深　著

中国海洋大学出版社
·青岛·

图书在版编目（CIP）数据

海南乡村排球文化的传承与发展研究/徐晓娟，吴清莉，吴深著. —青岛：中国海洋大学出版社，2021.4

ISBN 978 - 7 - 5670 - 2814 - 2

Ⅰ.①海… Ⅱ.①徐… ②吴… ③吴… Ⅲ.①乡村—排球运动—体育文化—旅游文化—研究—海南 Ⅳ.①G842

中国版本图书馆 CIP 数据核字（2021）第 082535 号

出版发行	中国海洋大学出版社
社　　址	青岛市香港东路 23 号　　　邮政编码　266071
出 版 人	刘文菁
网　　址	http：//pub. ouc. edu. cn
电子信箱	2586345806@qq. com
订购电话	0532 - 82032573（传真）
责任编辑	矫恒鹏　　　　　　　　　电　　话　0532 - 85902349
印　　制	青岛至德印刷包装有限公司
版　　次	2023 年 3 月第 1 版
印　　次	2023 年 3 月第 1 次印刷
成品尺寸	170mm×240mm
印　　张	6.5
字　　数	113 千
印　　数	1～1 000
定　　价	59.00 元

发现印装质量问题，请致电电话 0532-83645098 ，由印刷厂负责调换。

前　言

排球运动传入海南已有近百年的历史，首先是在海南省沿海一带的乡村开展，即现在人们所称的九人制排球，也被称为乡村排球。在六人制排球普及的背景之下，选择九人制排球形式进行锻炼的人已经越来越少，但是九人制排球在海南省仍然得到了较好发展，也成了海南群众开展的体育运动中最普遍的项目之一，海南省文昌市更是被誉为"排球之乡"，也是海南省乡村排球发展得最好的地区。多年来，海南省为国家、各省、部队以及高等院校输送了多位优秀的排球运动员，海南省排球队在大型排球比赛当中，也都能够取得较好的成绩。海南国际旅游岛的建设离不开乡村的发展，乡村的发展离不开乡村排球运动，而海南乡村排球运动之所以能够保持长久不衰，其关键在于排球运动开展得较好，因而，应以发展海南乡村排球运动为契机，推动群众体育的发展，吸引广大群众积极参与，并且推动海南省特色体育旅游的发展。本书便在此背景下应运而生。

本书在海南国际旅游岛建设视域下，首先对海南乡村排球文化研究的背景和意义以及乡村排球基本知识进行了梳理；然后详细论述了我国排球发展的历史与历程，并对海南乡村排球运动的传承与发展进行了分析研究，让读者对海南乡村排球运动的发展历程与现状能有个清晰的认识；紧接着是对海南乡村排球健身文化、竞赛文化的研究，介绍了"全民健身计划"实施推广的意义，对海南乡村排球运动与全民健身的融合进行了分析探讨，并介绍了海南乡村排球运动的重大赛事和乡村排球运动竞赛知识；最后从海南乡村排球特色体育旅游项目的开发策略方面分析了海南乡村排球运动发展的机遇与前景。

本书在编写过程中，参考了许多相关方面的资料文献，借鉴了国内外许多专家学者的最新研究成果，在此一并表示感谢。由于作者水平有限，错误与不当之处在所难免，恳请广大读者批评指正。

作者
2017 年 12 月

目　录

第一章 绪 论

第一节 海南乡村排球文化研究的背景和意义

一、国际旅游岛背景下海南乡村排球文化研究

2009 年 12 月国务院发布《国务院关于推进海南国际旅游岛建设发展的若干意见》，海南省现阶段正在全力建设国际旅游岛，海南国际旅游岛的建设给相对滞后的乡村文化带来了巨大的发展机遇，国际旅游岛的建设对海南省旅游业、文化体育产业等的发展有着重要的影响。海南国际旅游岛建设也离不开乡村的发展，乡村的发展直接影响着海南国际旅游岛的建设。政府着力发展休闲体育和具有民俗特色的体育赛事品牌，把传统体育项目建设为海南国际旅游岛的一大特色，这对发展乡村排球提供了政策基础，让乡村排球运动有更广阔的发展空间。

国务院办公厅在《关于加快发展体育产业的指导意见》中指出，大力发展体育健身市场，培养群众的体育健身意识，因地制宜地培养和开发具有地方特色的体育项目，支持地方根据当地自然人文资源特色举办体育赛事活动，努力打造具有影响力的特色品牌赛事。在海南，无论男女老少都会打排球、观赏排球和评论排球。海南乡村排球已经发展出多种适合群众参与的形式并与海南本土民俗融合在一起，成为集健身、娱乐和竞技等于一体的文化载体。翁秋河及田东在《海南乡村排球发展的前景及特点》中也提到，乡村排球在海南具有很好的群众基础，是发展群众体育项目的不二之选。

排球运动 1910 年传入海南，至今经历了十六人制、十二人制、九人制、六人制等发展阶段。其中，九人制排球是最受海南城乡群众欢迎的体育项目之一，对海南有着很深的影响。九人制排球虽是六人制排球的"过去式"，但在海南广泛的农村地区依旧盛行，而且发展出了适合群众参与的新形式，即"乡村排球"，并形成十分具有区域特色的乡村排球运动。

现在，不论是民间或是政府组织的部分比赛依然沿用九人制。骆冰在《九人排球在海南东部地区发展的调查研究》中提到，政府部门给予乡村排球一定的关注与支持，这为海南乡村排球更好的发展提供了有力的支持，为其更好更持续的发展开通了绿色通道。乡村排球与民俗节日融合是海南乡村排球运动的特色之一，在海南有每逢节日便邀请海南省较好的四支排球队比赛来庆祝节日的惯例。政府和社会各界力量更是频繁地举办乡村排球比赛，每有比赛，人山人海的观众显示了乡村排球在海南发展的状况。例如，自1998年起举办的"力加杯"九人排球赛至今已举行了18届赛事。此外，海南省运动会、农运会、乡村的庙会和海南重大的节庆活动中，九人排球是必不可少的比赛项目。

海南乡村排球文化的发展与传承不仅丰富了当地的排球文化，也丰富了当地群众的体育文化。在国务院发布的《全民健身计划》（2016—2020）中，实施全民健身计划是国家的重要发展战略。在党中央、国务院的正确领导下，过去五年，经过各地有关部门和社会各界的共同努力，覆盖城乡、比较健全的全民健身公共服务体系基本形成，为提供更加完备公共体育服务、建设体育强国奠定了坚实的基础。今后五年，面对人民群众日益增长的体育健身需求、全面建成小康社会目标的要求、推动健康中国建设的机遇挑战，需要更加准确地把握新时期全民健身发展内涵的深刻变化，不断开拓发展新境界，使其成为健康中国建设的有力支撑和全面建成小康社会的国家名片。为实施全民健身国家战略，提高全民族的身体素质和健康水平，国务院特制订了《全民健身计划》。乡村排球有不受年龄、性别、人数和场地等限制的特点，同时此项运动游戏性强、趣味性高，对放松身心、缓解压力、宣泄情感都有很大的帮助，比较适合群众参与。加上排球在海南乡村具有广泛的群众基础，在参与乡村排球运动时，既能满足群众对于强身健体的需要，又能加强人与人之间的交流，因此深受广大海南农民朋友的喜爱。

通过对相关文献的查阅，在对相关研究资料、成果进行系统梳理后发现，在国外的研究中，有关于乡村排球的文献几乎没有，但类似的活动形式普遍存在，一些国家利用本国的地方特色体育项目，打造出群众体育精品赛事。日本发展群众体育其实是加强政策扶持和民间体育组织的培育，让更多的人参与体育事业，进而打造群众体育精品赛事。研究和总结这些国家在地方特色体育项目的经验和运作方法，对于发展海南特色体育项目有重要的参考和借鉴价值。

二、海南乡村排球文化研究的意义

海南乡村排球对于丰富群众娱乐生活、传承特色体育文化等方面具有重要作用。

（一）极大地丰富了群众的娱乐生活

海南乡村排球，顾名思义，起源于海南省的乡村地区，是海南乡村人民智慧的结晶。自开展以来，海南乡村排球便凭借其灵活的运动方式、丰富多彩的运动内容以及变化多端的运动形式，起到了丰富海南人民娱乐生活的作用，同时通过在闲暇时间进行乡村排球锻炼，也为海南人民提供了一种健康的现代化生活方式。海南乡村排球运动既具有健身性的特点，同时也具有群众性、娱乐性等特点。乡村排球运动强调的是对运动者的压力的释放。因为乡村排球活动的开展更加随意，也不受年龄、技术以及场地等各方面因素的限制，所以在参与这项运动的时候，只要求运动者在运动的过程中做到共同协作、相互配合。乡村排球运动的健身性以及娱乐性的特点，不但能够起到提高人民生活质量的作用，同时也能够起到提高身体健康水平的作用。总而言之，通过参加乡村排球运动，对于营造健康文明的乡村环境，对于促进社会精神文明建设都具有十分积极的作用。

（二）能够有效传承海南民族特色体育文化

在海南省大力建设国际旅游岛的背景之下，海南乡村排球运动还可以以体育旅游的特殊形式来推动海南经济的发展，吸引更多游客。现如今，海南乡村排球已经同海南省当前的本土文化紧密结合，已经发展成为一种集娱乐功能、竞技功能、健身功能等于一体的文化载体。不同的民族有不同的文化传统，海南省是一个多民族汇集的地区，海南地区的人们在进行乡村排球运动的时候，也为海南乡村排球运动打上了海南民族特色文化的印记，形成了具有海南特色的乡村体育文化。每逢庙会或者其他诸如"三月三""端午节"之类的文化节日，当地政府都会组织举办乡村排球比赛活动来欢庆节日，企业、事业单位也都十分支持该活动的开展，这极大地促进了乡村排球特色文化的发展。

（三）能够形成具有海南特色的旅游项目

当前，海南省政府十分重视发展乡村排球这一具有海南省当地农村特色的群众体育项目，也旨在将乡村排球发展成为一项具有海南特色的群众运动品牌项目，将九人制排球比赛打造成一项海南特色品牌赛事。在海南省，乡村排球是一项十分重要的民间传统运动项目，其休闲性主题十分明确，民间特色也十分突出，给那些来自五湖四海的游客带来了不一样的感受，也能够给游客展现出海南农村最朴实的一面，是海南省开展的一种重要休闲体育项目。海南乡村排球赛属于海南省体育旅游的重要内容，通过举办独具特色的乡村排球赛事，来吸引世界各地的游客以及排球爱好者，不但能够给海南国际旅游岛带来大量的客源，而且还能够起到提升其知名度的作用，这在促进海南省旅游经济的发展上、在促进海南国际旅游岛的建设上都具有十分积极的作用。

（四）有助于海南省群众体育的发展

2009 年 12 月，国务院发布《国务院关于推进海南国际旅游岛建设发展的若干意见》，海南省政府便开始着力于建设国际旅游岛，在国家《全民健身计划》的指引之下，在全面建设海南国际旅游岛的要求下，大力推进海南全民健身的脚步。乡村排球作为海南当地最具人气的、具有当地特色的运动项目，无论是在乡镇地区，还是在各级各类学校，都开展得较为频繁。

总而言之，在建设国际旅游岛的背景之下，海南政府极力支持各种乡村排球的组织形式，努力将这一独具海南特色的运动发展为一项海南地区的群众体育品牌。政府部分也极力鼓励并且支持乡村排球活动的开展，极大地推动了海南省全民健身活动的顺利发展。

第二节　乡村排球基本概述

一、乡村排球的定义

乡村排球，指的是一种以九人制排球为原型，在海南省东部沿海地区的乡村中发展出来的运动项目。乡村排球运动对参与人数、活动场地以及参与形式都没有过于严格的要求与限制，同时对参与者的技术要求也不高，适合各类人群，其主要的竞赛形式是九人制排球。

二、乡村排球的文化特征

海南乡村排球植根于海南民间，表现出了极强的生命力，主要特征表现为区域性、观赏性、集体性、娱乐性、竞技性、变通性、简便性等。

（一）区域性特征

1951 年，全国开始推广和普及六人制排球，但是海南至今不管是在城市还是乡村，不管是竞技还是休闲，依然广泛采用九人制排球。每年海南省都会举办一些高水平的排球比赛，例如"力加杯"九人排球联赛、海南省"农民杯"男子九人排球赛，省运会、农运会也都会将九人制排球作为正式比赛项目。

（二）观赏性特征

六人制竞技排球为了让比赛更加具有观赏性，总是会不断修改比赛规则，在比赛的过程中不可随意中断比赛。九人制排球作为在海南群众当中开展得最为普遍的运动项目，在一传到位的情况下，前排可以安排5个球员进行进攻，这在六人制排球比赛当中，是不可能出现的。5点进攻能够包含排球的所有战术配合，场上球员一个接着一个地进行平面的或者立体的进攻，每一次进攻都能够将排球所有的战术展示在观众面前，同时防守一方也可以安排4~5人进行拦网，从而让人感觉攻防十分激烈，再加之九人制排球的规则比六人制排球的规则简单，九人制排球不会受到中线犯规、后排违例等相关规则的限制，所以比赛更具连贯性，不容易被打断，来回球多，因此，比赛会显得更加紧张激烈，扣人心弦，从而更具观赏性，能够带动观众的情绪。

（三）集体性特征

排球运动是一项集体运动项目，除了发球之外，其他技战术都需要在集体配合的过程中进行。九人制排球比六人制排球人数多，突出了更强的集体性。在排球比赛的过程当中，九人制排球尽管不像六人制排球那样会进行频繁的位置轮换，要求球员具有技术的全面性，但是每个球员也必须要发挥出自己的固定位置的作用。如果发现有一个球员某项技术太差，对手就会抓住这一点，破坏对手的整体战术组织效果。一般来讲，技战术水平越高的队伍，其集体配合就越严谨，不容易被对手攻破。

（四）娱乐性特征

九人制排球有自己的一套规则，与六人制排球的专业排球规则不同，一般情况下，九人制排球比赛中各球员的位置不轮转，不会严格区别前后排，不会受到规则的限制，所以对球员技术的要求较低，球员可以根据自身的特长有针对性地选择适合自己的位置同时，九人制排球对球员身高的要求也较低，无论你是身高1.5米还是2米，都可以上场打球。除此之外，九人制排球对比赛输了的一方所进行的惩罚也是多种多样的，例如，用黑炭画脸，脸上被画的越多，说明改队输的局数越多；钻桌子，输的一方球员要钻桌子，赢的一方可拍打桌子，以吸引观众的注意；输的一方请所有球员喝饮料，并且见者有份；等等。

（五）竞技性特征

现代竞技排球已经开始朝着"更快、更高、更强"的方向发展，是一种特殊的社会实践活动，是人们对真、善、美的追求。为了更好地满足人们对美的追求以及兴趣爱好，培养人们养成正确的竞争观，海南省也开始以大家喜爱的乡村排球为突破点，大力推广乡村排球，积极开展各种类型的排球竞赛活动。

（六）变通性特征

首先，因为乡村排球规则没有那么严格，能够不受比赛人数的限制，双方队员都可以自由组合，如果人数不够，可以选择二打二、三打三，直到九打九。在特殊情况下，也可以根据双方实力的强弱进行三对五或者四对六等形式的比赛。其次，乡村排球规则相对来讲比较灵活，假如对战双方人数少且都技术性较高的话，则会被要求只能在后排进攻，吊球落点也规定了只能在 3 米线之后。除此之外，还可以进行一对一的单人排球。在单人排球比赛当中，每个人都可以连续击打 3 次球，不会被判"持球"或"连击"。具体来讲，这种单人自由比赛，指的便是球员可以利用身体的任何部位（包括脚）击球三次并且过网，这种方式也开创了用脚击球的先例。假如对战双方技术水平相差太多，技术水平较高的一方通常只能用头、身体以及脚来击球，发球也只能用脚发球，不可以用手，甚至可以选择板凳来当击球的工具。按照国际排球制定的规则，排球运动员在比赛场上必须要穿鞋。但是海南乡村排球却没有这么多限制，光脚打球的现象十分普遍。乡村排球规则的随意性同竞技排球规则的严谨性形成了鲜明的对比，这也增强了乡村排球的娱乐性，使其能够更好地在大众群体当中普及。

（七）简便性特征

乡村排球的场地面积一般为 20 米×10 米，没有进攻线，站位一般情况下分为前排、中排与后排。海南乡村排球位置相对来说比较固定，没有位置轮换，比赛场上的每个队员都能够积极参与进攻。乡村排球具有"特殊化"规则：第一，没有轮换位置，也没有位置错误；第二，没有后排违例；第三，只有三次换人机会；第四，场上每一个运动员都能够在任何位置进攻；第五，每局比分为 21 分，先到 21 分并多对方两分判为该局胜。这让乡村排球比赛、组织、操作等各方面都更加简单化。

第二章　乡村排球运动发展的概况

第一节　我国排球历史追溯和发展的历程

一、我国排球运动的兴起与演进

（一）我国排球运动的兴起

我国排球运动的历史可以追溯到 20 世纪初期。作为文化教育的体育，伴随着帝国主义文化的入侵来到我国，美国传教士在传教布道的时候就将排球带来了中国。1905 年，排球首先在广州南武中学以及香港皇仁书院流行起来，随后，基督教青年会体育部、留学生、外籍人士等通过体育教学、体育训练班以及体育表演等形式对排球运动进行了传播，排球运动便逐步在一些城市开展起来。在那个时候，人们根据排球的英文"Volleyball"，将排球称为"华利波"。

1913 年 5 月，第一届远东运动会在菲律宾首都马尼拉举办。第一届远东运动会本来没有设立排球比赛项目，增加排球项目也是菲律宾作为东道主，为了想多拿金牌而在赛前临时决定的，直到开幕的前一天，也只有菲律宾一国报名，于是菲律宾就邀请中国队也报名排球项目。在那时候，中国队总领队为美国人勃郎·格雷，他接受了菲律宾代表队的邀请，临时从田径队与足球队当中选派运动员，组成了排球队。这可以算得上是我国参加的最早的国际排球比赛了。

1914 年，在北京举行的中华民国第二届全国运动会上，排球被列为正式的男子比赛项目，并且将"华利波"改名为"队球"，取"成队比赛"之意。1921 年，中国"广东省第八届运动会"第一次有了女排比赛，1930 年，在中华民国第四届全国运动会开办之前，经由全国体育协会讨论研究，根据其球在空中被来往排击和参加者成排站位的这两项特征，将"队球"改称"排球"。从这时开始，"排球"这一名称与运动形式便开始在全国范围内传播开来，并且一直沿用至今。

排球运动的开展最早主要集中在华南地区、华东地区以及华北地区。

华南地区：1905 年，排球运动首先在广州南武中学和香港皇仁书院开展。1913 年远东运动会参赛选手许民辉（广东籍）在运动会结束之后，便回国积极推广排球运动，将这项活动向郊县城乡地区推广开来。在他的积极推广之下，排球运动发展成为广东广大青年喜爱的运动项目，并在几十个县广泛开展、组织竞赛，发展速度十分惊人。在此基础之上，广东省出现了许多著名的排球运动员以及排球队，并且组织成立了体育协会——广东排球联合会。

华东地区：上海市是华东地区开展排球运动较早的城市之一。1908 年，北美基督教青年会派爱克斯纳（M. J. Exner）医生来中国担任上海基督教青年会体育部主任，他在青年会体育训练班上讲授并且介绍了包括排球在内的多种西方体育运动项目。从 1912 年至 1924 年，基督教青年会便积极通过举办体育干事训练班来推广排球运动，在这十二年的时间里，先后培养了多批优秀体育教师与体育干部，在这些优秀人员里面，有一部分还成了各个地区推广排球运动的中坚力量。

除了上海之外，福建省排球运动也发展得相对较好。福州市基督教青年会干事潘竹孙是上海基督教青年会体育干事训练班的学生。潘竹孙将他所学习的排球基本知识、排球技术以及练习方法带回了福建，为福建省排球运动的发展打下了坚实的基础。

华北地区：在华北地区，早在 1910 年前，就有一些教会学校开展了排球活动，但是尚没有成为正式的比赛项目。直至 1914 年第二届华北运动会在北京天坛举行的时候，才正式将排球运动设立为比赛项目。

但自第二届华北运动会将排球设为比赛项目之后，接下来的十年时间里取消了排球比赛项目，直到 1924 年第十一届华北运动会的举办，才又恢复排球比赛项目。可见，在 20 世纪初，排球运动在华北地区的发展不是很好。但是，自 20 世纪 30 年代开始，华北地区的排球运动便得到了较好的发展，已经不局限于北京、天津等地区，开始发展到山东半岛等地，并且举办了多次不同规模的排球比赛，为排球运动在华北地区乃至全国的发展做出了巨大的贡献。

1914 年，在中华民国第二届全国运动会上，男子排球被列为正式比赛项目；1915 年，在上海举行的第二届远东运动会上，中国男排首次获得冠军。从 1915 年到 1934 年，总共举办过 10 届远东运动会，我国男子排球队一共获得过 5 次冠军。

与男排相比，女排的发展稍晚一些。我国女排第一次参加大型运动会是在 1921 年广东省运动会上，直到 1930 年的中华民国全运会上，才正式将女子排球列为比赛项目。

因为受到远东运动会的影响，我国排球运动历经了十六人制→九人制→六人制的演变过程。1927 年之后，采取的是九人制排球，九名队员分成三排，每排有三名球员，球员在场上的位置不轮转，且没有更多的限制，任何一个人都能够进攻与防守，在比赛的过程中，规定了最多连续击球三次之后，就必须将球击过球网。与此同时，正面抢臂、曲臂扣球以及侧身勾手扣球也开始被广泛运用于九人制排球比赛当中。在 1930 年举办的第九届远东运动会上，为了应对菲律宾球员的拦网，中国球员创造了"快板球"，并且很快在此基础上进行了改良，发展成了头排中间的球员做二传，两侧球员分别打"双快球"或者进行"快球掩护"的战术。因为出现了二排队员在两侧进攻的战术打法，在防守当中就出现了前两排队员集体拦网以及后排队员定位防守的战术打法。

九人制排球在我国经历了二十四年之久，我国排球运动员在九人制排球的技战术发展上做出了巨大的贡献，创造出了许多具有实用价值的技战术，因此形成了我国排球技战术发展的一大特色。随后又不断将其发展形成传统，并且延续至今。

（二）六人制排球的实行

在 1900—1910 年这十年的时间里面。排球运动先后传入印度、中国、日本、菲律宾等国。虽然当时亚洲各个国家的室内运动场馆的条件与美国相比相差甚远，来亚洲的基督教青年会的体育干事们根据当时亚洲的实际情况，介绍、传授了在室外开展的十六人制排球。亚洲前三届远东运动会排球比赛都是选择十六人制排球的形式进行比赛。在 1919 年第三届远东运动会后，比赛规则有了较大修改，从而将十六人制改为十二人制，场地由 90 英尺×45 英尺缩小为 80 英尺×40 英尺，1927 年又将十二人制改为九人制。九人制排球发展时间较长，一直延续到 1949 年。

从 20 世纪 50 年代开始，世界最高水平的排球赛就都开始采用六人制的比赛形式。例如，在布拉格举行的第一届男子排球世界锦标赛上和世界青年联欢节、世界大学生运动会，全都采用六人制比赛。为了迎合国际比赛变化，中国排球也开始学习六人制排球技战术与比赛规则。1950 年 7 月，中华全国体育总会在清华大学举办了全国体育工作者暑期学习会。在这次学习会上，北京大学的林启武教授向全国体育工作者详细介绍了六人制排球的比赛规则以及方法。参加了这次学习会的一百多名体育工作者，通过学习，开始对六人制排球产生极其浓厚的兴趣，并且通过学习也掌握了一些基本知识。这次学习班的人员也成为当时开展六人制排球的"火种"。紧接着在 1950 年 8 月，虞积刚、阎维仁便在《新体育》杂志发表了文章，详细介绍了六人制排球的比赛规则，并且对六人制排球的基本攻防战术进行了简单介绍。在 1951 年 5 月，林启武教授再次撰文介绍了六人制排球的特点以及打法。当时的国内排球界，在初步了解了六人制排球规则以及基本技战术的基础上，很快便将注意力集中在六人制排球与九人制排球的差异上。因为六人制排球与九人制排球，二者之间在比赛规则上存在着许多不同，在技术打法上也存在着一定的差异，因此，对六人制排球规则进行深入研究，并且对其技战术进行学习，成了这一时期各种排球学习活动的中心点。这对我国当时学习六人制排球，做好从九人制排球到六人制排球发展的过渡工作，起到了巨大的推动作用。

总而言之，在中华人民共和国成立之后，我国排球运动取得了较快较好的发展，根据其发展的基本情况以及规则的演变规律，大致可将其分为六个发展阶段。

第一阶段：继承学习阶段（1951—1956 年）。

1951 年至 1956 年可以称为是继承学习阶段。这个阶段主要是继承我国九人制排球的技战术打法，尤其是继承了九人排球的上手传球、大力勾手发球、正面勾手扣球、快球和快攻等技战术，1950 年，我国男子排球队学习了苏联男排的高打强攻、倒地防守等技术以及"两次球"的进攻战术。

20 世纪 50 年代，世界高水平的排球队都集中在苏联和东欧的一些国家，在那个时期，世界性排球比赛都是采用六人制排球的形式，中华人民共和国成立之后，排球运动被作为重点体育项目进行推广，并成为当时发展较快的运动项目之一。为了适应国际排球比赛的发展需求，1950 年 7 月，在全国体育工作者暑期学习会上，全国体育总会首次介绍了国际排球联合会所制定的六人制排球竞赛规则以及练习方法，并且在同年 8 月组成了中华人民共和国第一支男子排球队——中国学生代表队，并且远赴布拉格参加世界学生第二次代表大会的排球比赛。参加这次排球比赛的代表队只有四个，分别为捷克斯洛伐克、波兰、罗马尼亚以及中国的排球队。因为中国刚刚开展六人制排球，对六人制排球比赛规则、技术、战术还不是十分熟悉，九人制排球的许多技术在短时间内又难以全部转化用于六人制排球比赛当中，因此，只能一边比赛一边学习。中国排球队在这次比赛中的成绩是三战三负。

在那一时期，运动员的发球都是"保险球"，攻击性相对来讲比较弱，这就为中国队提供了打"快板"球的好机会。对手发球过来之后，中国运动员就可以利用上手传球将球直接传到位，打"快板"的队员跃身跳起在空中，二传队员将球传给打"快板"的队员，随后，扣球手快速地往下一"抓"或者一"压"，在必要的情况下，还能够有效利用手腕的力量往两边压甩，球应声落地。这种击球方式，欧洲球员从来没有见过，裁判员也不能将其判为持球，对方球员也从来没有拦过这种球。在这次排球比赛当中，尽管中国队难以防守好对手的进攻，但是中国队的进攻也往往会让对方措手不及。在这次比赛中，中国队的成绩虽然是三战三负，但是也为观众呈现了一场精彩的比赛。当时，中国队在途经苏联的时候，苏联还特意派遣了米朗教练来指导中国队，但是米朗教练也从来没有见过快球，便也不好进行深度评价与指导，因此，在中国队员打快球的时候，米朗教练也只是耸耸肩膀，不置可否。总而言之，中国队这次的捷克之行虽然三战三负，没有赢得一场球，但也收获颇多，不但初步学习了六人制排球的规则以及比赛方法，而且试用了"快板球"技术，认识到了技术掌握不全面的不足。

在此之后，我国又在1951年1月组建了中国青年男子排球队远赴德国柏林参加第十一届大学生冬季运动会和第三届世界青年和学生和平友谊联欢节。1953年8月，在罗马尼亚首都布加勒斯特举行的第一届国际青年友谊运动会排球比赛中，中国青年女子排球队第一次出国参加了比赛，以3：0战胜了芬兰、奥地利、丹麦、挪威等队，但以0：3败于波兰队、保加利亚队。最终，获得了这次比赛的第七名。

在这一系列的国际排球比赛活动中，中国男排与中国女排都得到了极好的在国际比赛中学习、锻炼的机会，而且他们面对的都是当时世界最高水平的强队，这对中国排球尽快地掌握六人制排球的运动精髓，对于提高运动员的技战术水平、对于认识自身所存在的不足，都具有积极的影响。

为了能够更好地向当时处于世界排坛领先地位的东欧各国学习，尤其是学习苏联的排球技术。1954年6月至8月，在这两个月的时间里，除了安排中国男排与中国女排出国学习、比赛之外，中国还邀请了东欧国家的一些强队来中国进行交流比赛。在这次交流比赛中，中国队也系统地学习了一些先进技战术打法与训练方法，这对中国排球的发展起到了巨大的推动作用。

　　中国排球队在向国外先进排球队学习的同时，中华全国体育总会在国内积极推广普及六人制排球。1951年5月，在北京举办了全国篮球、排球比赛大会，这是中华人民共和国成立后首次举行的全国性排球比赛。1952年2月，为了培养出更多优秀的排球运动员，中国成立了"中央体训班男女排球队"。同年年底，中央体训班的学员分别到全国的14个城市进行巡回表演，极大地推动了地方排球运动的开展，同时也促进了各个地区排球队伍的建立。

　　在1956年，高等教育部、中等教育部下达了《一般高等学校体育课试行教学大纲》《中等学校体育教学大纲（草案）》和《师范学校体育教学大纲（草案）》，都将六人制排球列为必修课程，国家体委还公布了《中华人民共和国运动员、裁判员等级制度条例（草案）》。同年，京、津两地举办了排球教练员训练班，邀请了苏联的教练来进行授课，中国排球教练员训练班的学员也通过这次学习的机会全面系统地学习了苏联排球运动训练理论以及训练方法。通过这次学习，学员们了解了国内外关于排球运动的先进经验，并且认清了我国排球运动的特点，提高了中华人民共和国成立初期我国排球运动发展的理论水平。与此同时，各式各样的排球竞赛活动也相继展开。从1957年开始，在全国排球竞赛当中实行等级制度，广州与武汉两地分别举办了全国甲级排球联赛以及全国乙级排球联赛。在这些全国性的排球竞赛活动的影响下，全国各大中城市也开始重视排球运动的发展，并且开展了一些具有当地特色的排球竞赛活动。

　　第二阶段：探索发展阶段（1956—1966年）。

　　1956年至1966年可以称得上是我国排球运动发展的探索发展阶段。在这一阶段，各个省、市、自治区队，分别根据自身的特点，开始发展具有自身特色的风格与打法。在1959年举办的第一届全国运动会上，广东男子排球队发展了快攻模式，上海男子排球队的打法则体现了战术的灵活多变，解放军女子排球队发扬了中国军队坚韧不拔的顽强作风，北方各城市代表队则发展了高打强攻手段。20世纪60年代初，中国排球在学习了日本排球队训练经验的基础上提出了"三从一大"的原则，即从难、从严、从实战出发，坚持大运动量训练的原则。在这一阶段，我国男排开发了"盖帽"拦网的技术以及"平拉开快球"的扣球技术，这对推动我国排球运动的发展起到了很大的作用。

　　在这一探索发展阶段，我国排球运动的发展，既重视普及，也重视技术水平的提升，迅速将六人制排球推向了一个新的发展阶段。在20

世纪 60 年代前后，我国各个省市根据各自的特点开创了各自不同的技战术打法。例如，上海排球队技术全面、灵活多变，广东排球队快速配合，四川排球队具有细腻稳健的特点，解放军排球队提倡勇猛顽强的作战风格。

1964 年，周恩来总理亲自邀请日本排球队的大松博文教练率日本女排来我国进行访问，并执教训练。贺龙副总理也明确指出，要我国排球运动员学习日本女排刻苦顽强的训练作风，并且明确地提出了"三从一大"训练原则，很好地推动了排球训练工作的开展，从而促进我国排球运动进入蒸蒸日上的大好局面。在这一时期，在参加了世界大学生运动会和青年联欢节等排球比赛活动之后，中国排球队朝气蓬勃的精神和独特的技术，引起了国际排坛的广泛关注。

1956 年 8 月，由国际排联主办的第三届男子世界排球锦标赛和第二届女子世界排球锦标赛在法国巴黎举行。国际排联向中国男子排球队与女子排球队发出了邀请，在同年的 8 月 30 日至 9 月 12 日。17 个国家的女子排球队以及 24 个国家的男子排球队纷纷来到法国巴黎，参加这一届排球锦标赛，当时参赛队伍的数量，是世界排球锦标赛历届之首。

在世界排球锦标赛开赛之前，在选举仲裁委员会成员国的时候，国际排球联合会声明了中国为亚洲排球的冠军，提名由中国、苏联、美国、法国及意大利五国为仲裁委员会成员，并且获得了全体成员的一致认同。

在国际排球联合会举办的另一次会议上，通过了由中国、苏联、美国、法国、保加利亚、巴西、意大利等七国组成的"争取排球运动列入奥运会项目"专门委员会。

参与这次世界排球锦标赛的队伍，均为世界顶尖水平的排球队。面对强劲的对手，中国排球运动员发扬了敢打敢拼的精神，中国女子排球队先后战胜了奥地利、德意志联邦共和国、荷兰等队。虽然以 2∶3 败给美国队，但是获得的总积分与德意志联邦共和国、朝鲜、美国相同，计算净胜局数的时候，中国队领先，最终获得第六名的成绩。

中国男子排球队在参赛的 24 个队伍当中，先后战胜了印度、南斯拉夫及巴西等国的队伍，获第四名的好成绩。中国男子排球队在比赛过程中，积极采用了后排插上和两次转移相结合的战术。在插上的时候广泛采用中国队的传统打法——快球及其掩护战术。打出了"快慢掩护""重叠""前交叉""后交叉"等多种进攻配合，这些战术配合，法国观众还是首次见到，特别是中国队的"快球"，更是让法国观众感到耳目一新。在这次比赛当中，中国队员的鱼跃救球也成为比赛的一大特色。在比赛过程当中，每当中国球员抢救一个危球的时候，法国观众都会以热烈的掌声来表示赞赏，法国报纸更是在文章中以"杂技一般的表演"的描述来赞扬中国队的表现。这次排球锦标赛对于中国排球队而言，是对这些年学习六人制排球后运动水平的一次鉴定，也是对中国排球队所运用的技战术的一次检验。中国排球队参加的这次巴黎世界锦标赛，也是他们首次参加真正意义上的排球世界大赛。中国队在同世界其他强队进行对抗比赛的时候，认清了自身的特点，增强了自信心，同时也认识到了自己的不足之处，明确了改进的方向。这次比赛对于中国排球运动员技战术在以后一段时间内的发展具有十分深远的影响。

第三阶段：低潮阶段（1966—1972 年）

在 1966 年至 1972 年这段时间里，中国排球因为受到特殊时期的影响，发展出现了停滞，排球运动技战术水平同其他国家相比，严重下降，并且运动员的培养都出现了青黄不接的现象，没有重视对排球后备力量的培养，人才紧缺。在 1974 年举办的世界排球锦标赛上，我国男子排球队的排名降至 15 名，女子排球队的排名降至 14 名。我国排球队同世界强队之间的差距也越拉越大。

第四阶段：恢复阶段（1972—1978 年）

1972 年至 1978 年这六年时间，是中国排球运动发展的恢复阶段。1972 年开始恢复排球比赛，并且成立了漳州排球基地。男子排球创造了前飞、背飞、拉三拉四的打法；女子排球队进一步发展了快速反击的打法，中国排球的整体水平有了提升。

1972 年，国内开始恢复体育比赛，同年举办了"五项球类运动会"，而且召开了"三大球训练工作会议"。这次会议的召开，进一步明确了排球运动训练指导思想，并开始有目的地组织每年的集中冬训活动。

1976 年，我国重新组建了国家男子排球队以及国家女子排球队。在 1977 年举办的世界杯比赛当中，中国女排获第四名，中国男排获第五名，1979 年 12 月，我国男、女排首次双双获得亚洲锦标赛冠军，并取得了参加奥运会的资格。但是因为种种原因，我国放弃参加 1980 年举办的莫斯科奥运会，使得中国排球队没能够出现在奥运会赛场上。

第五阶段：高峰阶段（1979－1988 年）

1979 年至 1988 年这九年的时间，可以称得上是中国排球发展的高峰时期。1979 年底，中国排球男队与女队双双获得亚洲锦标赛的冠军，并取得参加奥运会的资格。1981 年到 1986 年，我国女子排球队五次荣获世界冠军，创造了女排精神，成为我国排球发展史上的一座丰碑。

1981 年 3 月，中国排球男队与女队又双双获亚洲锦标赛的冠军。1981 年 11 月，我国女排在第三届世界杯比赛当中，七战七胜，第一次获得世界冠军，全国人民欢欣鼓舞，从而在全国范围内掀起一股学习中国女排拼搏精神的浪潮，紧接着在 1982 年举办的第九届世界女排锦标赛上，中国女排再创佳绩，又夺得金杯。在 1984 年举办的第二十三届洛杉矶奥运会上，再次发扬女排顽强拼搏的精神，实现了"三连冠"。接下来，在 1985 年的世界杯和 1986 年的世锦赛上，中国女子排球队两次夺得冠军，创造了世界女子排球"五连冠"的新纪录。中国女排的成功，不但实现了中国排球"冲出亚洲，走向世界"的愿望，而且也极大地振奋了中华民族精神，开创了现代排球的新纪元。

1981 年 3 月，在香港举办了世界杯预选赛，亚洲地区出线权的争夺战在中国男排与韩国男排之间展开。中国男排在先输两局的情况下，力挽狂澜，连扳三局，最终反败为胜，让守候在电视机前的中国人民无比兴奋，青年学生还自告奋勇地走上街头，喊出了"振兴中华"的时代强音。1981 年 11 月，中国男子排球队在世界杯中获得第五名。中国男排的世界排名，也从第九名上升到了第五名，从亚洲地区的第三名，上升为第一名。在这一时期，中国男子排球队不但具备了冲出亚洲的实力，同时也具备了同世界强队相抗衡的能力。

第六阶段：曲折发展阶段（1988 年至今）

在 1988 年之后，中国排球走上了一段曲折的发展道路。1988 年，汉城奥运会失利之后，比赛成绩有所影响，中国男排没有进入决赛。

20 世纪 80 年代，正当世界男子排球运动的发展进入上升期的时候，中国男子排球的发展却出现了滑坡。在 1982 年的世界锦标赛上，中国男子排球队没有抓住分组十分有利的机遇，失去了进入前四的机会，只获得了这次比赛的第七名。在 1983 年举办的亚洲锦标赛上，中国男排又失去了进入 1984 年第二十三届洛杉矶奥运会的资格。1984 年因为东欧国家抵制洛杉矶奥运会，中国男子排球队获得了参赛资格。但是以 6 场比赛 1 胜 5 负的成绩位列第八名。在 1985 年的世界杯亚洲区预选赛上，中国队再次失去了参加世界杯的资格，尽管在 1986 年取得了亚运会的冠军，但是在 1987 年在亚洲锦标赛上，也只获得了第三名的成绩。

在这一时期，不仅中国男排成绩下滑，中国女排也进入了低谷。在1988年兵败汉城奥运会之后，中国女排尽管在1989年世界杯、1990年的排球世锦赛和1991年世界杯上拿了两个第二名和一个第三名，但是在1992年奥运会和1994年世界锦标赛上的排名跌至第七名和第八名，甚至在1994年的亚运会上输给了韩国队，失去了亚洲霸主的地位。

中国男排与中国女排在这一时期成绩的下滑，并不是偶然事件。在20世纪80年代，世界排球运动得到了迅猛发展。首先，男排中全攻全守的打法开始兴起，改变了传统的高举高打风格单一的格局。新兴起的欧美男排普遍采用了快速进攻和集体配合的战术打法，同时发挥了高度、力量、跳发球和后排进攻的优势，防守技战术也得到了大幅度的提升。除此之外，世界女子排球男性化发展趋势也越来越迅猛，但在世界排球快速发展的前提之下，中国排球的发展仍没有创新与发展，并且缺乏特色，尤其是许多观念明显滞后。在世界各国排球运动迅速发展的背景之下，我国的多个地区却在削减排球队，队伍萎缩，排球赛场上越来越萧条，球员意志十分涣散，后备力量严重不足。

1994年，国家体育委员会在北京召开了关于"国家男、女排球队工作汇报会暨重振排球雄风研讨会"，明确指出了"体制改革是刻不容缓的，全国排球界一定要借改革开放的大好时机，精诚团结、同心同德、共同奋斗，重振排球雄风"。1995年，开始以赛制改革为先导，打开了排球体制改革的大门，通过一系列改革举措，我国排球队伍充满了活力，中国排球队伍的技战术水平也得到了明显的提高。在1995年，中国女排拿下亚洲排球锦标赛的冠军，获得了世界杯的第三名；在1996年的亚特兰大奥运会上获得第二名。1997年，男子排球夺得了亚洲锦标赛的冠军，与此同时，又在世锦赛预选赛当中夺得了世锦赛的参赛资格。1997年，中国排球运动管理中心正式成立，中国排球在其改革的道路上又迈出一大步。1997年，中国男排获得了亚洲锦标赛的冠军。在1998年的举办的第十三届亚运会上，中国男、女排球队再一次双双夺冠。在2004年举办的雅典奥运会上，中国女排再次获得奥运会冠军。2008年北京奥运会，中国女排获得季军，男排获得并列第七的历史最好成绩。2012年伦敦奥运会上，中国女排获得并列第五的成绩。2016年里约奥运会上，中国女排力压塞尔维亚队，获得冠军。现如今，中国女排已经雄风重振，回归了世界强队之列，而中国男排也开始昂首振翅，向世人展现中国男排的英姿。

（三）建立等级制度并且培训出优秀的教练员

为了提升我国排球运动的水平，中华人民共和国成立初期，就提出了全面向苏联学习的口号，因此，当时我国体育制度的建立主要是借鉴苏联体育发展模式。具体来讲，就是学习并且借鉴了苏联运动竞赛的等级制度以及运动员、教练员和裁判员的等级制度，并且根据我国的实际情况进行了修改与完善。运动竞赛等级制度的建立，对于激发运动员、教练员以及裁判员的积极性，激励他们向高一级目标奋进具有重要的推动作用。

1956 年 4 月，国家体委公布了《中华人民共和国运动员、裁判员等级制度条例（草案）》对运动员等级进行了划分，分别为运动健将、一级运动员、二级运动员和三级运动员；对裁判员的等级也进行了划分，分别为国家级裁判员、一级裁判员、二级裁判员和三级裁判员，而且条例当中也明确规定了达到各种等级的具体条件、证章以及证书。

1958 年 6 月 21 日至 7 月 11 日，国家体委又先后两次修订了等级制度，并制定了《排球运动员技术等级标准》，具体规定了运动员取得各级称号的标准。

总而言之，中国排球在学习并且借鉴苏联的经验和体育等级制度方面并没有完全地生搬硬套，而是吸取其精华，并根据我国的实际情况进行科学制定。

（四）加盟国际排联组织

中华人民共和国成立之后，中国排球队在参加了世界大学生运动会和青年联欢节等大型排球竞赛活动之后，中国排球队所散发出来的朝气蓬勃的精神，以及独特的技术打法引起了国际排坛的注意。

1953 年，中国排球协会正式成立，张之槐出任第一任主席。1953 年 11 月，张之槐和马启伟两人以中国排球协会的名义参加了在罗马尼亚首都布加勒斯特举行的国际排球联合会的行政会议。1954 年 1 月 11 日，国际排球联合会正式承认并接纳中国排球协会为正式会员。

（五）发球革命和修改拦网规则

1957 年，广东男子排球队根据排球比赛的对抗规律以及考虑自身的具体条件，在当时举办的全国排球甲级联赛当中大胆地运用了勾手大力发球技术。在日常的训练过程当中，他们通过系统严格的训练，发现了一套大力发球的规律。他们增加了发球与接发球训练的比例，发球与接发球训练大概占据了整个技术训练的百分之六十，这样就使得运动员在发球与接发球技术的训练上，有了数量上的保证，因而在比赛的过程当中，广东男排明显发球得分较多，一传失误较少。1957 年，广东男子排球也由全国前六名以外一跃进入了前三名，这一成绩的取得很大程度上是靠勾手大力发球这门技术。1958 年，在全国甲级联赛上，广东男排的名次再次得到了提升，由第三名上升到第二名，大力发球已经成为广东男排的制胜法宝。

在广东男排的带动下，大力发球开始在全国范围内风靡开来，不但在甲级队当中被普遍运用，在乙级队和参加各类排球锦标赛的各个队伍中也开始广泛运用；不但男排广泛运用大力发球技术，许多女排队伍也采用这一技术。在这一时期，许多来华访问的外国球队都体验到了中国排球队大力发球抢攻的威力，一般情况下，在一场比赛当中，他们的一传要丢掉 18 分左右，最多的一场，一传丢了 25 分。

正当大力发球技术如火如荼地发展的时候，另一种攻击性更强的发球技术——上手飘球技术也出现了。在我国最早运用上手飘球技术的队伍是上海的"红队"（即上海体院竞技指导科队）的龚俊平。当时尽管还没人从理论的层面上对上手飘球技术进行规范性的总结与提炼，但是在实际的训练与比赛过程当中，人们已经能够真切地感受到这一发球技术的威力。

总而言之，大力发球技术以及上手飘球技术的出现，对中国排球技战术的发展具有巨大的推动作用，可以称得上是中国技战术发展的一次技术革命，使得排球各项技术间的发展出现了不平衡的现象。

1964 年，国际排球联合会在日本东京举行了一次会议，这次会议修改了有关"拦网"的相关规则。修改之后的规则条文为："当一方扣球前，另一方前排队员的身体任何部分越过球网上沿以上的垂直平面触球，即为过网触球犯规，但当一方队员扣球或吊球后，另一方拦网队员过网触球不算犯规。"这一规则的修改，明确地规定了在对方扣球之后进行拦网，球员的手可以过网进行拦球。

这一规则的修改，对拦网技术的发展是一次巨大的转变。规定修改之后，允许拦网手过网拦网，这就彻底改变了拦网技术单纯性防御的特征，它能够通过拦网将对手的扣球直接拦死在对方场上，进而得分并且获得发球权。显而易见，在新规则实施之后，拦网便具有了进攻与防守的双重属性。这对身高、手长、占有空中优势的欧美选手显然更有利，同时，对身高上不具优势的亚洲选手带来了较大的压力。

在 1964 年初，中国排球协会得知国际排球联合会将在 1965 年修改拦网规则之后，国家体委球类司就当即决定在当年举行的全国排球联赛中率先执行新的拦网规则。在此背景之下，一个群众性的钻研拦网新技术的热潮开始在全国范围内掀起。

1965 年 7 月，中国男子排球队参加了在苏联里加举办的五国国际排球赛，中国男子排球队的直臂屈腕盖帽拦网技术，第一次在国际型比赛当中运用。在对苏联、捷克斯洛伐克、民主德国等世界强队的比赛当中，中国队拦网得分占总得分的 21.1%（在 1962 年参加世界锦标赛的时候，在对战罗马尼亚、南斯拉夫、波兰、匈牙利、巴西、保加利亚的六场比赛当中，中国队拦网得分仅占总得分的 6%，而其他参赛队占 14.2%），其他队的拦网得分占总得分的 20.5%。中国排球队的拦网技术，一下从过去的落后状态发展到世界领先水平。

1965 年 11 月，日本排球队出访中国。那时，日本男排在世界的排名为第五，其身高情况与中国男排相比，相差无几。但是在比赛过程当中，因为中国男排在拦网技术上占据了绝对性的优势，比赛演变成了一边倒的形势。根据三场比赛的统计结果，中国男排拦死 77 次，而日本男排只拦死 37 次。中国男子排球队的平、快球进攻，让日本男子排球队防不胜防；中国队的盖帽拦网，也让日本队的扣球受到巨大的威胁。日本队在对战中国队与中国北京队的比赛当中，有一局仅仅只拿到了 1 分，有一局是 0 分。

中国排球队从逆境当中崛起，不但改变了之前在拦网上始终处于落后地位的境况，并且让自己跻身于世界排坛的领先地位。拦网新规则的实施直接促成了中国排球队在快速战术方面的巩固、发展以及创新。

二、我国排球运动发展的历史性总结

（一）我国排球运动发展过程中的有益经验

1. 强劲有力的举国体制是运动发展的保证

20 世纪 50 年代初始，我国排球运动的发展就得到了国家相关部门的高度重视，尤其是受到了周恩来总理、贺龙元帅等老一辈无产阶级革命家的大力支持。贺龙元帅的"大球不翻身，我死不瞑目"的决心激励着球员的奋勇拼搏，周恩来总理还亲自询问过排球运动的训练工作以及竞赛工作，并且针对当时的工作提出了很多具体的且有指导意义的建议。

"全国一盘棋"的局面，地方服从中央，中央扶植地方的"举国体制"，始终是我国体育运动发展团结进步的保证。举国一致强有力的领导群总是能够在关键时刻做到高瞻远瞩，掌握方向，并且把握好全局，推出有力的政策和举措。例如，1952 年"中央体训班"的建立、1955年"天津运动员训练工作座谈会"的召开、1964 年"上海训练工作会议"的召开、1965 年聘请大松博文来华主持训练并组织了大规模的参观学习、1972 年"全国三大球训练工作会议"的召开、1978 年漳州会议的召开、1985 年上海会议的召开、1989 年北京会议的召开等一系列事件，都在排球运动发展的关键时刻起到了把握方向、统率全局的积极影响。

2. 普及与提高，两手抓两手都要硬

20 世纪 50 年代初期，最新组建的国家排球队频繁外出参加比赛，积极学习六人制排球技战术，较大程度地提升了我国六人制排球的竞技水平。而在 1950 年开办了"全国体育工作者暑期学习会"，1952 年底到 1953 年初的体训班男子排球队与女子排球队也分别到 14 个城市进行巡回表演，极大地推动了六人制排球的普及以及发展。1956 年，又制定了《一般高等学校体育课试行教学大纲》《中等学校体育教学大纲》等多类排球教学大纲，将排球运动列为青少年锻炼的必修内容，并且积极支持各种全国性的排球比赛活动的开展。在普及的基础上做好技战术提高的工作，这两者之间的成功相结合，把 20 世纪 50 年代我国排球运动技能水平推到新的高度，从而出现了 20 世纪 60 年代我国排球运动蒸蒸日上的发展局面。

在做到排球运动的普及与提高，两手抓两手都要硬的同时，还必须注意格局上的变化，具体来讲，应做到以下三点：

第一，既需要注重高水平国家队的培养，同时也要注意对地方队的培养。高水平地方队能够为国家队提供优质的后备人才。因此，必须要努力调动起国家以及地方双方面的发展积极性，使其形成一个多强对抗的格局。

第二，必须要具有长远的战略观点。首先，必须要保证所有队伍的训练任务以及比赛任务；其次，还必须要有层次地对不同年龄段的青少年运动员进行重点培养。

第三，要具有较好的环境意识。首先，要加大重视力度以及投入力度，努力培养出优秀的运动人才以及高水平排球运动队；其次，还必须加大推广普及力度，在全民健身的背景下，重视大众排球运动的发展，以提高广大人民群众对排球运动的参与兴趣，营造出一个良好的发展氛围。

3. 学习国外排球队的先进经验，发扬自身的优良传统，走出一条

具有中国特色的发展道路

在 20 世纪 50 年代，中国采取了"走出去、请进来"的方法，并且积极汲取东欧国家，尤其是苏联的先进技战术以及训练方法，才使得中国排球队能够在短时期内快速追赶上世界排球强队的发展进度。总而言之，在发展的过程当中，针对国外排球队的先进经验，要注意批判性的吸收，摒弃了国外球队二次球与转移的打法，坚持发扬自身的插上、快攻的特点。

20 世纪 60 年代，中国邀请了日本教练员大松博文来中国执教，并组织了大批人员参观学习，精心研究并汲取了日本排球训练的精华。同时坚持自己制定的"三从一大"的训练原则，并且坚持了"以攻为主"的训练指导思想，使我国排球训练水平得到了大幅度的提升。

在 20 世纪 70 年代，我国排球吸收了日本男排"短平快""时间差""位置差"等技战术的精髓，并在此基础上发展了具有我国特色的"前、后飞""拉三""拉四"技战术，从而使中国排球水平进入了世界先进行列。

当时，我国女排的教练员在继承了几代排球人优良传统的基础之上，坚持发扬光大，不断创新，同时借鉴了其他国家优秀队伍的成功经验，从而创造出一套科学的、行之有效的管理训练方法以及技战术打法，使中国女排迅速崛起，并且打出了世界五连冠的战绩。

4. 坚持全面发展与系统化训练，以促进排球运动更快更好地发展

不管是国家队还是地方队，也无论是成年队还是青年队，都进行系统化的训练，并且十分注重对学生全面发展的培养。在很长一段时间内，集中时间、集中精力、强化领导、强化训练、均衡发展和重点突破的大集训，都极大地促进了我国排球运动员技能水平的提高。教学训练实践也充分证实，我国排球队经过多年系统的训练，坚持综合性全面发展，坚持做好身体素质和基本功的训练，打好了这一基础性训练，这对中国排球运动员的迅速成才，对于他们技战术水平的提高都发挥了十分重要的作用。

5. 注重对教练员水平的培养，加强对排球运动队的管理

通过实践发现，注重对教练员水平的培养，加强对排球运动队的管理是建设队伍、造就人才的重要举措。我国排球队之所以能够获得那么好的成绩，与拥有一支强劲的教练员队伍是密不可分的。

自 1955 年开始，我国就制定了一套岗位培训制度，教练员必须要经过严格的培训，合格之后才能够持证上岗，以此来有效促进提升并且

保证排球教练员的基本素质。教练员也必须加强自身素质的培养，要具有强烈的事业心以及责任感；要做到虚心向前辈学习，学习其他国家教练员的执教方法，做到博采众长。同时，还应该努力丰富自身的科学理论知识，提升自身的专项训练能力和科学管理水平，并且具备较好的临场指挥能力。最后，排球教练员在实际工作中，也必须要做到严于律己、为人师表，必须要通过自己的努力，做出实际工作成绩，从而取得运动员的信任以及支持。

总而言之，对运动员进行科学合理的管理是十分关键的。大量事实也充分证明，懒散的管理制度一般都难以激发运动员的运动积极性，也难以确保训练工作的顺利进行。假如没有建立这样一套规范的管理机制，也就难以培养出高水平的运动队。

6. "快速多变"始终是坚定不移的指导思想

我国排球队所采用的"快速多变"的进攻战术风格，在当时可谓是独创先河。无论是在早期参与世界性比赛的时候震惊世界体坛，还是在比赛当中力压群雄获得冠军，都与我国排球队"快速多变"的进攻战术风格密切相关。

在"全攻全守"的现代排球运动当中，保证排球运动员技术水平的发展，也是高水平运动队训练的基础。但是假如缺乏特色，仍然难以获得较好的成绩。"快速多变"的进攻战术风格，是与我国运动员特点相符合的。即使是在立体进攻发展的形势之下，"快速多变"的进攻战术风格仍然具有极大的潜力，并且发展前景良好。总而言之，应该要顺应世界排球运动的发展趋势，并且坚持自身的战术风格，对于国外球队的进攻战术风格，有选择性地学习吸收，以提升我国排球队的整体实力。

(二) 改革开放之后我国排球队发展存在的问题

1. 面临着体制的改革

在改革开放之后，传统的排球运动管理体制与运行机制已经不再适应我国建立的社会主义市场经济体制与国际排坛高度发展的商业化和日渐成熟的职业化趋势。怎么行之有效地进行体制改革，并且建立起一个适合现阶段我国国情的管理、训练和竞赛体制，是我国排球运动发展首要解决的问题。因此，应对传统的管理体制与运行机制进行相应的改革，以推动我国排球运动商业化以及职业化的发展。

2. 加强对排球运动员的开发与管理，既要搞活市场，又要提高运动水平

在改革开放之前，"全国一盘棋"一直是我国排球队发展的一个优

良传统，但是在改革开放之后，中国的大门打开了，在社会主义市场经济体制的影响之下，排球运动队的生存与发展，也必须依靠市场的调控，市场需要"明星球员"所起到的明星效应。在此背景之下，国家队与地方队之间的需求矛盾也就更加尖锐了。

在市场经济的影响之下，必须有人才的流动，只有人才的流动才能够激活市场、均衡市场。但是排球运动员的成才，必须经过一定周期的培养，同时还需要人力、物力以及财力等多方面的投入。所以，为了使其得到更好的发展，就必须加强人才的开发和管理，总而言之，既要搞活市场，又要激发国家队与地方队的积极性。做好这一系列工作，既有助于培养排球后备人才，提升我国排球队的运动水平，也是我国运动队体制改革中需重点解决的问题之一。

3. 怎么有效发挥排球比赛的作用以推动排球运动的发展

针对竞技体育来讲，没有比赛自然也就没有市场。要想占有市场，就必须对竞赛制度进行相应的改革，使其能够适应市场的需求。所以，转变观念，做到有意识、有目的、有计划地通过比赛活动来提高市场占有率，并且通过一系列举措来培育市场、发展市场，通过市场来推动排球运动的发展、普及，以提高排球运动水平，成为当务之急。

4. 明确排球技战术发展的指导思想，坚定信念，走出一条具有中国特色的道路

在"全攻全守"排球发展的初级阶段，强攻、远攻以及后攻的比例相对增大了，网前战术变化少了。必须要认识到，这一局势的转变是排球技战术向立体化发展过程中暂时的、局部的精简。随着排球技战术水平的不断发展与完善，高快结合、前后交错、丰富多变的立体战术体系初步形成，并且不断得到充实与发展。因此在其发展的过程当中，绝不可故步自封，应该在总结经验的基础上大胆创新，在全面发展的基础上汲取现代排球技战术的精华，将我国排球队所具有的快速灵活、配合多变的特点引向纵深并且发扬光大。

5. 加强对排球运动员的体能训练并且注重运动员全面素质的培养

因为亚洲人自身生理特点的原因，我国排球运动员的身体素质，尤其是力量与西方国家的优秀运动员相比，仍然存在着明显的差距，因此，为了缩短同国外运动员在身体素质方面的差距，只能加大训练力度，努力提升我国运动员的身体素质。

在现代竞技比赛当中，随着运动水平的提升，各国运动员在技战术之间的差距也越来越大，因此，越是高水平排球比赛，越注重运动员心

理素质、智能素质方面的对抗。因此，还必须注重对运动员心理素质的训练，注重运动员基本功的练习，加强对运动员进行思想品德方面的教育，以促进运动员全面素质的培养。

6. 调动一切积极因素，以加强科学研究工作

现代排球运动的训练、比赛以及管理，都需要现代科学技术的支持，需要相关工作人员的研究投入。因此，应该加强科研工作的统一领导，调动更多科研人员的积极性，增强科研工作的纵向和横向联系，利用现代化的科学手段对排球运动员进行科学合理的管理，最大限度地发挥科学研究工作对排球运动发展的先导作用。

7. 开展多种形式的排球运动，使之成为人民喜闻乐见、乐于参加的健身娱乐项目

当前，在全民健身运动大力推广的背景下，排球运动也凭借其所具有的健身性、娱乐性、趣味性等特点发展成为大众健身项目之一。因此，为了适应不同人群的需求，应该开展多种形式的排球运动，使排球运动成为人民喜闻乐见、乐于参加的健身娱乐项目之一。

（三）我国排球运动对世界排球运动发展的贡献

我国是国际排球组织缔造国之一。在世界排球运动发展的历史长河中，中国排球队开发出了多项先进技术，例如，快板扣球、小抡臂扣球、大抡臂扣球、冲跳扣球、盖帽拦网、鱼跃救球等，为丰富世界排球技术体系起到了重要作用，并且还在此基础上创造发展出了一套独具中国特色的、以快球为中心的快球掩护进攻战术体系。中国排球队独创的"快攻战术"早在 1956 年，在法国巴黎举办的第三届世界锦标赛上就被誉为"杂技般的技术"而闻名世界，中国的"快攻战术"自此便被亚洲国家学习，并且形成了独特的亚洲风格。日本男排在 20 世纪 60 年代便来华访问，在访问期间他们学习了我国近体快、平拉开等快攻战术打法，并且在此基础上，创造出了短平快、时间差、位置差的技战术，从而夺得了奥运会的冠军。从那时起，"亚洲风格"便开始威震世界。就算进入了现代排球时代，快球与快球掩护的快攻战术体系，也仍然具有十分顽强的生命力，不但由前快、背快、平拉开发展到短平快、高快、飞、溜、错位，同时还扩展到了纵深的远快、后快以及围绕它们的系列立体快攻战术体系。

20 世纪 80 年代可谓是中国女排最辉煌的时代，实现了中国女排五连冠的荣誉。更深层次的意义在于形成了全面、快速、高度、灵活、准确、全攻全守的整体排球思想与打法，促进了现代排球技战术指导思想

的革命，开创了现代排球的新纪元。

中国排球运动员胸怀祖国、放眼世界、顽强拼搏的精神，对中国乃至整个世界都是一笔宝贵的精神财富，对整个华夏大地，对所有炎黄子孙所产生的影响，女排精神所起到的作用是难以估量的。

第二节　我国乡村排球运动发展的综述

一、我国乡村排球运动发展的历史追溯与现状

我国乡村排球是以九人制排球为原型的，当前发展较好的当属广东台山以及海南东部地区。

二、广东台山九人制排球及其发展历程

广东台山被称为"排球之乡"，也是九人制排球发展较好的地区之一。

（一）广东台山地区概况

1. 台山概况简介

台山市，旧称新宁，1992 年撤县设市，由江门市代管，位于珠江三角洲西南部，毗邻港澳，南临南海，有"全国第一侨乡""内外两个台山""排球之乡""广东音乐之乡""中国曲艺之乡""飘色艺术之乡"之美誉。台山市总面积 3212.2 平方千米，人口 100 万余，据悉，还有110 余万祖籍台山、旅居海外的侨胞分布于全世界的各个国家。因为台州地区华侨遍布，侨胞较多，因而成为全国著名的侨乡，被称为"全国第一侨乡"。

2. 台山体育运动开展概况

台山地区的体育运动有着十分悠久的历史，一些诸如龙舟、武术、舞狮等民族传统体育项目，在台山民间广为流传。中华人民共和国成立之后，在上级领导的重视以及关怀之下，广东台山地区的体育事业发展蒸蒸日上，取得了较好的成绩。

台山地区各项竞技体育项目发展都较好，可谓是体育人才辈出，取得了较好的成绩，声名远扬。其中排球和田径等项目取得了较为显著的成绩。从 1949 年至 1999 年，广东台山排球队参加了全国排球甲级联赛分区赛和乙级、丙级联赛，以及青年联赛、大行政区等比赛 34 次，在这 34 次比赛当中，台山男子排球队 10 次获得第一名，两次获得第二

名；女子排球队 6 次获得第一名，两次获得第二名；台山男子排球队在这段时间里，参加了全国少年男子排球比赛 15 次，获冠军 13 次，亚军 2 次，并且先后向各个省、市、部队、大专院校和国家队甚至国外输送 500 多名优秀运动员，其中既有运动健将，又有出国的排球专家，还有担任国家、省、市和解放军队的教练人员，等等。

台山地区的群众体育运动发展十分迅速。早在 20 世纪初期，排球运动刚传入我国没多久，台山地区就开始努力开展排球活动，至 20 世纪 40 年代，排球已经成为一项群众性体育活动的传统项目。自中华人民共和国成立之后，群众性体育活动发展更加广泛，特别是《全民健身计划》的实施，掀起了台山地区全民健身的热潮。据台山市体育局近期统计的数据显示，"全市体育人口达 45 万多人，占总人口 41％"，1996 年台山市被定为广东省全民健身试点城市。因为有"排球之乡"的美誉，因此承办了众多排球赛事。在台山市，政府办体育、社会办体育、民办体育、侨办体育，相得益彰，突出了台山市"排球之乡"的特色。

（二）台山九人制排球产生的历史文化背景

20 世纪初期，排球运动最早是在广州南武中学以及香港皇仁书院开展的。当时，我国正处于半殖民地半封建社会的特殊历史背景之下，排球运动在传入我国的初期，作为一项简单的游戏活动方式，并没有同那一时期强身健体、保国强兵、救亡强国的社会需要主流及人们的主流接受心理相一致。在这一段时间当中，我国排球运动的发展处于一种放任自流的状态。1915 年，中国男子排球队参加了第二届远东运动会，并且获得了第一名的好成绩。1917 年，中国男子排球队又参加了第三届远东运动会，以 2∶0 的成绩战胜了日本男子排球队，这对于当时贫困交集的中国来讲，可谓是一针强心剂，更为当时中国新旧文化的交替增添了活力。从那时候开始，在广东省（当时海南省也属于广东省管辖范围），排球运动便成为当地许多青年喜爱的健身运动项目，并且组织成立了广东省排球专属协会——广东排球联合会。排球运动传入台山大约是在 1914 年，那时候，排球运动在广东省得到了大面积的普及推广，这在一定程度上促进了排球运动在台山市的发展。1928 年，随着亚洲排球运动的改制，台山排球由起初的十六人制排球、十二人制排球改为九人制排球，从这时候开始，台山九人制排球便开始出现并且一直延续至今。九人制排球在台山地区的出现与发展，使得当地的排球运动迅速崛起，并且得到较好的发展，与此同时，排球运动较好的发展也对当地经济、文化、教育、体育等各个领域都产生了极其重要的影响。

（三）台山九人制排球运动发展历程

台山九人制排球运动发展至今已经有近百年的历史，总的来讲，台山九人制排球的发展历程大致可以分为三个发展阶段，即九人制排球运动的发展初期、伴随六人制排球的发展与推广、改革开放后面临的机遇与挑战。

1. 台山九人制排球运动的发展初期

最开始，排球运动是以十六人制的形式传入中国的。因为受到远东运动会的影响，从 1921 年开始，在第五届远东运动会上将其改为十二人制。1927 年举办第八届远东运动会的时候，又改为九人制。在此背景之下，台山排球也经历了十六人制→十二人制→九人制的转变。据《台山志》记载，排球运动最早是在 1914 年通过在广州读书的台山籍青年引入的，台山地区的华侨发现通过参加排球运动锻炼，能够让学生远离一些社会恶习，于是便积极鼓励学生参与排球运动。因此，在学生以及华侨的影响之下，台山地区参与排球运动的人越来越多。由于在 1927 年举办的第八届远东运动会将排球赛制改为了九人制，所以，台山排球比赛也从十二人制改为了九人制，并且一直沿用到 20 世纪 50 年代。

在广东省台山县政府的支持以及鼓励之下，在学生与华侨的推动之下，人们积极参与排球运动。在当地，各式各样九人制排球比赛十分普遍，在 1948 年这一年的时间里，就举办了"镇球杯""程万杯""汉铃杯""国伦杯"等多项九人制排球锦标赛。于是，九人制排球便开始以其独特的魅力，成为台山地区人们休闲运动的首选项目，并且营造出了一种台山地区独有的浓厚的排球文化氛围，为台山排球的发展奠定了基石。

台山排球的参与人群十分广泛，因此，在发展大众排球的同时，台山市竞技排球也得到了很好的发展。在 1927—1934 年间举办的三届远东运动会当中，以台山籍排球运动员为主力的中国男子排球队在比赛当中取得了优异的成绩，给祖国赢得了荣誉。

2. 台山九人制排球伴随六人制排球运动的推广与发展

为了适应国际性赛事的需要，从 1951 年开始，全国上下积极推广六人制排球。在全国积极开展六人制排球运动的背景之下，作为我国排球运动开展较好的城市之一，台山市也在努力向六人制排球转变。《台山志》中记载，1953 年 8 月，台山县体育科成立。1953 年 12 月 1 日，台山县体育科在台城组织 6 个重点区的六人排球赛。从这时开始，台山就进入了由九人制排球向六人制排球过渡的时期。

从群众体育发展方面来进行分析，台山地区排球运动的开展，还是以九人制的形式为主。台山地区的各个村都建立了可供普通群众活动的排球场地，人们利用工作学习之余的闲暇时间来到排球场，通过三打三、四打四，或是以少打多的方式来进行排球比赛，形式灵活多变。

台山地区大众排球开展得较好，因此，排球运动技术也得到了较快较好的发展。1956年，在北京举行十一个单位排球邀请赛，在这场比赛中，台山男子排球队可谓是所向无敌，最终获得冠军，并且在这次赛事结束之后，《人民日报》特意发表了一篇题为《排球之乡——广东台山县》的报道，向全国人民进行宣传，自此之后，台山地区"排球之乡"之名称誉全国。1956年，由于这次比赛的突出表现，台山排球队也开始由县级队上升为甲级队。在1958年举办的全国排球甲级联赛中，总共有12个男子排球队，在这12个队伍的149名排球运动员当中，就有69名运动员是台山籍的，可见台山排球的影响力是多么的广泛。20世纪70年代初，周恩来总理更以"全国排球半台山"这句话来赞扬台山排球人才辈出。综上分析可知，台山地区为我国排球运动的发展做出了巨大的贡献。

3. 改革开放后台山排球面临的机遇与挑战

自改革开放推出以后，我国社会的现代化转型便进入了一个关键时期，在这一关键时期内，传统文化与现代文化之间形成了一个相互对峙的局面。

台山除被称为"排球之乡"外，还被称作"华侨之乡"。台山地区外来华侨众多，因此，受到外来文化的影响也是巨大的。外来文化使传统体育的发展也受到了影响。第一，台山人民所能够接触到的体育运动项目越来越多，人们选择休闲项目的余地也逐渐增多。第二，改革开放推行以后，国内外排球运动都得到了较快较好的发展，但是台山排球却没有追上世界排球发展的步伐，在技战术方面也没有及时更新，从而制约了台山地区排球运动的发展。第三，因为受到广东省排球运动发展的不景气和追求"金牌战略"等原因的影响，1993年广东省男女排球队被迫解散，排球队的解散使得台山排球在青少年人才的培养上出现了衰退，这一系列变故自然影响了台山人民参加六人制排球运动的积极性。

尽管台山六人制排球运动的发展不容乐观，但是在台山当地政府以及海外华侨的大力支持下，出现了九人制排球运动与其他运动共同发展的和谐景象。从1984年开始，全县22个区、两个镇全部成立体委会，各乡也相应成立了体育领导小组或者体育协会，增设体育场地设施，开展一些群众性的体育活动。各个乡镇也相继建起排球场、篮球场、乒乓球室、桌球室等公共体育场所，并且积极开展一些竞赛活动，以实现人们农闲有活动，节日有比赛。

在 2005 年以及 2006 年底，台山市举行了两届台山九人制排球运动联赛，并且在 2006—2007 赛季还得到了"珠江啤酒"的赞助。赛事历时近三个月，有 200 多名运动员参赛，涉及范围之广，持续时间之长，都能够显现出台山人民对九人制排球的喜爱，从而将台山排球推向了一个新的高度。

2014 年 11 月 28 日，台山新宁体育馆启用仪式在广东省台山市台城南区隆重举行。出席的嘉宾有广东省和台山市的各级领导、参加世界台山籍恳亲大会的乡亲、各捐款单位、个人代表以及参赛运动员共 1500 多人。台山新宁体育馆占地 100 亩，总投资 2.73 亿元。该馆主馆可容纳 6000 名观众，副馆设 4 个排球训练场。新馆的落成为广大市民群众开展健身活动，承办高水平体育竞赛、文艺演出和举办会展提供了场馆保障，为打造台山特色文化大市做出重大贡献，是台山体育文化事业发展新的里程碑。

为庆祝新馆落成，启用仪式后一连三晚举行 2014 年台山市"玉圭园杯"首届国际男子九人排球邀请赛。本届比赛有美国纽约、香港南华、海南文昌、广东台山等 4 支队伍参加。比赛期间，运动员精湛的球技，吸引了 6000 多名球迷前来观赛。经过三天的激烈比拼，海南文昌队夺得冠军，美国纽约队获得亚军，广东台山队取得季军，香港南华队排在第四名。这次国际九人排球赛，显现出台山人民对九人制排球的喜爱，从而将台山排球推向了一个新的高度。

第三节　海南乡村排球运动的传承与发展

一、海南省排球运动历史追溯

（一）海南省排球运动的兴起

海南省的排球运动有着悠久的历史。排球运动早在 1905 年就已传入海南。1905 年，排球运动首先由美国来华的传教士 J. 霍华德·克洛克带入我国广东地区。1906 年，香港的皇仁书院和成都基督教的祠堂边出现类似排球的游戏；1908 年，美国青年会干事晏斯纳到上海青年会工作，将排球带入上海。海南以前隶属于广东省，故从 1905 年开始海南已经有了排球活动，此项在 1895 年诞生于美洲大陆的游戏经过十年的发展就从美洲大陆传到了广东这片热土，并在海南岛上生根发芽，经过了一个多世纪的发展，海南排球经历了十六人制、十二人制、九人制和六人制四个阶段，广东乃至海南岛就成为这项新生的运动在中国传播的原点。因为有着深厚的排球文化底蕴和广泛的群众基础，排球在海南堪称第一运动，很多人从小就开始打排球，不论是城市还是农村，到处都有排球场，时时可以看到在排球场上挥汗如雨打排球的人；不论年幼还是年长，都可以在排球场上一显身手。海南中学生排球队在全国中学生排球赛中名列前茅，曾多次代表中国，出征世界和亚洲中学生排球赛，并取得了傲人的战绩。但是由于海南人身材矮小，与排球运动巨人化的趋势相背离，故海南排球在成人比赛上很少有建树，但是其群众排球发展的模式和经验值得其他地区借鉴。

文昌是海南的排球之乡，要追溯海南排球运动发展的历史，首先必须了解文昌排球运动发展的历史。从某种意义上说，文昌排球运动史就代表了海南排球运动史。文昌县最初的排球活动是从学校开始的。清朝末年科举制废除，文昌县中小学如雨后春笋般涌现，这个 20 万人口的县就有近 300 所学校，在校学生 12000 名。1905 年文昌县第一所新型学校——蔚文小学，就开设了体育课，当时称之为"体操科"，继而文昌北部的罗峰小学也开设了体操科。自此，近代体育开始在文昌县的学校兴起。辛亥革命后，文昌县逐渐发展到有 700 多所中小学都有体育课开设，学校便成了文昌县近代排球的基地。1917 年，陆京平任县立文昌中学校长，聘请了刚从广东省高等师范学校毕业的陆兴焕、李寿昌为该校教师。李寿昌在香港皇仁书院读书时非常热爱排球运动，到文昌中学任教后，他把排球技术传授给学生，还经常带学生到当时县城东门外的公园去打排球，于是排球运动逐渐在文昌中学普及开来，并深受学生喜爱。20 世纪 20 年代初，文昌中学排球队到上海参加全国比赛荣获冠军，从而成为中学推广排球运动的先驱。

排球运动通过学生，逐渐在民众中广为传播，变成广大民众休闲健身的手段。20 世纪 20 年代，文昌县第五届运动会时，来自全县各区参加排球比赛的就有 20 个男子队。到 20 世纪 30 年代，文昌县第七、第八届运动会时，就增设了女子排球赛，在第七届县运动会上，参加女子排球赛的有县立女子高小学校和东郊、良山和头苑等区的代表队，当时良山队最强。到 1936 年第八届县运动会时，县立女子高小学校代表队跃居前茅。该队还参加了在琼山府城举行的运动会，并获得优胜。

　　20世纪二三十年代是文昌排球的鼎盛时期，打排球的人越来越多，几年举行一次的县运动会已经不能满足群众的要求，于是学校、民间的排球队应运而生，互相交往，进行友谊赛，一年四季从不间断。城镇、学校、乡村到处可见打排球的人，有学生、教师、商人、手工业者、农民、渔民等各界人士。休闲之际以打排球为乐渐成风气，并逐渐形成每逢节假日、喜庆之日、庙会时举行排球比赛助兴的习俗，且一直沿袭至今。

　　（二）海南省早期体育协会和体育团体对排球运动的影响

　　20世纪二三十年代，文昌县有一个民间体育组织，对文昌县的近代体育，尤其是排球运动的发展产生过很大影响。这个组织便是钟声体育会。钟声体育会成立于1927年，在文昌开展的各种近代体育运动项目中，钟声体育会对排球运动的发展尤为突出，钟声体育会排球队是一支十分活跃和出色的队伍，队员们的足迹踏遍了全县各区。如不外出比赛，几乎每天下午放学后钟声排球队都到当时称之为"公园"的球场上与文昌中学排球队进行友谊赛，于是观看比赛逐渐成了县城居民的一种乐趣。此外，钟声体育会不仅常协助社会教育部门及学校组织排球比赛，派队员充当裁判员，逢年过节，还会举办设有银杯奖、物质奖和奖金的排球赛。所以说，钟声体育会举办的活动不仅活跃了文昌县群众的文化生活，也促进了排球运动的普及。早期的体育社团除了钟声体育会之外还有东南体育会和海南排球队。这两个体育团体对海南排球运动的影响相较于钟声体育略小，但也正是由于有了这两个体育团体，钟声体育会不再孤单。这两个民间体育组织都是跨区乡的群众排球团体，由一些志趣相投的排球高手于20世纪二三十年代组建。每逢排球比赛，这两支队伍都会参赛，与钟声体育会的排球队一起比赛。这些队伍的技战术水平都在伯仲之间，所以每场比赛都打得比较激烈，吸引了众多群众和排球爱好者前来观看，因此扩大了排球运动的影响力，促进了海南排球运动的推广和普及。

　　20世纪30年代后期，日寇侵掠，大部分地区的排球活动销声匿迹，但抗日根据地仍然在开展排球活动。当时，文昌县县长、共产党员朱侠，在文昌的上寮、田边、后村等老区主持召开劳军大会时，都会举办排球比赛助兴。20世纪40年代日寇投降后，排球运动又逐渐活跃起来，20世纪40年代末期，涌现出一批球艺超群、名声显赫的排球宿将，如汤坚如、何和卓等。中华人民共和国成立后他们虽各奔前程，但他们精湛的球艺和勇于创新的精神却给文昌排球历史留下浓重的一笔。

（三）中华人民共和国成立后文昌排球运动的发展

1950 年海南岛解放，文昌的排球运动进入了新的发展时期。1954 年，广东省排球队到文昌县来指导推广六人制排球，并普及到全县各中学和部分小学，从此，政府举办和承办的排球比赛大都采用六人制，而民间的排球活动仍乐于采用九人制，形成两制并存并进，群众各取所好的局面。文昌的排球运动基础较好，六人制排球技术得到迅速发展，且有较强的实力，20 世纪 50 年代到 90 年代中期，在各大比赛中文昌排球创造了辉煌的战绩。1955 年至 1958 年，广东省在文昌举办了四次省排球分区赛（三次有女子比赛），文昌男子排球队夺得了三次第一名、一次第二名；女子排球队三次均获第一名。1956 年，文昌青年队首次参加全国十一单位排球赛，获得第五名。1958 年，文昌少年排球队参加在秦皇岛举行的全国少年排球锦标赛，一举夺冠，震惊全国，符树深和符史联是当时文昌少年冠军队的队员，半个世纪后，老人对那次比赛记忆犹新。1958 年的比赛名为"全国二十一单位青少年排球锦标赛"，在秦皇岛举行。符史联说，那次参赛队有 21 支，他和郑有富、林鸿强等队员都是农村后生，第一次到岛外比赛，心里没底。"我们个小，比别人矮一头，又黑，人家没放在眼里。"首战对战上海队。上海队是一支种子队，而文昌队名不见经传。上海队赛前完全不把成员身材矮小的文昌队放在眼里，来训练场一看，文昌队队员的身高比他们差了一截，还是光脚打球，说了一句"不行"，扭头就走。"其实我们还不把他们放在眼里呢，看过他们训练后，我们心里有底了，个子高没用。"双方第一次交手，文昌队就以 3∶1 的比分轻松拿下比赛。另外，不穿鞋比赛，也是文昌队的一大特色，这是因为队员们习惯了光脚打球。次日，上海乃至全国的媒体将之作为爆炸性新闻进行了报道，"光脚的不怕穿鞋的"的标题妙趣横生，文昌队一战成名。文昌女子排球队也在这次比赛中获得第三名的好成绩。

1964 年，文昌少年排球队在全国九人排球赛中再次夺冠，连续夺得两届全国冠军。广东省政府为表彰文昌少年排球队，拨款 5 万元在文昌中学内修建了一座体育馆，这是文昌市第一座体育馆，有人戏称"一个冠军换来了一个体育馆"。海南区从 1959 年到 1986 年共举办了七届区运会，文昌男子排球队夺得了六届冠军和一届亚军。1979 年，文昌少年排球队参加广东省少年排球锦标赛，获得男女冠军。1981 年文昌中学女子排球队参加在桂林举行的全国中学生排球分区赛获得第一名。

文昌县排球队参加广东省第六和第七届运动会，男子排球队分别获得第二和第三名。文昌中学队参加全国中学生"振兴中华杯"排球赛，从1986年第二届到第四届，一连三届获得第二名。中华人民共和国成立以后，文昌为广东省和国家输送了大批优秀的排球运动员，他们退役后大多走上了排球教练员或教师的岗位，为排球运动的发展继续贡献着自己的力量。

（四）海南建省后文昌排球运动的发展

1988年海南建省后，文昌队参加1992年举行的省杯排球赛和1993年举行的省赞助杯排球赛，均获得冠军。1993年，海南的专业体育布局取消了排球项目，海南省没有了专业的排球队，但这丝毫没有打消文昌人打排球的积极性。以文昌中学排球队为代表的文昌排球仍然在全国乃至世界展示着他们对排球的热爱。文昌中学男子排球队为海南省的中学生体育争得了不少荣誉，1989年、1990年、1991年、1993年和1995年，该队分别荣获全国中学生"振兴中华杯"排球赛五届冠军，并获得"振兴中华杯"流动杯的永久保留权；1995年和2007年，该队获得了全国中学生排球锦标赛的冠军；1998年代表国家出征希腊雅典，夺得世界中学生男排锦标赛第 五名；2006年夺获全国中学生运动会排球赛亚军。在2007年8月举行的第三届亚洲中学生男子排球锦标赛中，代表中国参赛的文昌中学队获得了第三名的好成绩。虽然没有了专业队，但文昌中学为全国各地高校输送了大批人才，而其优异的成绩，更加激起了文昌人对排球运动的热爱，进一步推动了文昌排球运动的发展。

二、海南文昌的乡村排球

1910年部分华侨和牧师将排球带入海南省文昌市，从此，排球便在海南文昌率先发展起来。海南九人制排球运动主要发展于汉区及沿海乡村，比赛活动较为频繁，是乡村群众性体育运动的主要项目之一。多年来，九人制排球运动是海南群众开展体育运动中最普及的项目之一。

1. 文昌——"排球之乡"的排球情结

文昌是世界上排球场最多的地区之一。在文昌，各个村庄中都会有一些简易的排球场。

虽然说没有官方机构的正式命名册封，但文昌"排球之乡"的美称早已闻名遐迩。排球在文昌有着悠久的历史，从排球运动传入中国开始，排球就在文昌发展开来，距今已有百年历史。在文昌，处处有球场，排球是民众生活的一部分。小孩从小学开始就接触排球，有的甚至在二、三年级就开始玩排球。兴盛的民间排球，没有正式比赛的条条框框，形式自由多样，玩儿的味道浓厚，单挑、以一打多、以少打多、单手打球，都很常见，甚至还有用凳子来打球的。现如今，文昌排球的发展可谓是枝繁叶茂、硕果累累。在文昌，几乎所有的村庄、中小学、企事业单位都有大小不一、各式各样的排球场地。在文昌，不管男女老少，大部分人都能够上场玩耍一番，每逢节假日以及一些喜庆的日子，也都会举办排球赛以烘托出喜庆热闹的气氛。排球运动在文昌的普及率是数一数二的，而一个个全国冠军头衔的摘取，更是让文昌"排球之乡"的称号名震四方。

大部分文昌人都有着浓厚的排球情结，但是，随着人们业余生活的不断丰富，人们的选择性更多了，许多文昌人不再对排球情有独钟，因此，文昌排球的发展以及普及也开始出现了下滑的现象。以前农村的排球场很简单，找片空地，再找两根笔直的碗口粗的树干支起来，把网一挂，用脚在地上画出界线，就成了一个简易排球场，而现如今许多排球场都已经荒废了。

如何让"排球之乡"的品牌历久弥新，愈发明亮？这是值得探讨的问题。从 20 世纪 50 年代开始，海南文昌排球队在参加的各种比赛当中，都取得了十分好的成绩，文昌中学队、文昌青少年队在参加全国性排球比赛时，也多次名列前茅，而参加省级比赛所获得的冠军头衔，更是数不胜数。通过数据分析发现，文昌排球队所取得的突出战绩主要集中在 20 世纪五六十年代以及八九十年代。1998 年之后，文昌排球的发展出现了断层，也正是在此期间，有人对文昌排球的发展提出了"危机论"。持"危机论"观点的人普遍认为，尽管当前文昌中学排球的水平仍然处于全国青少年排球的先进行列，但随着乡土排球文化的日渐淡薄，其能提供的排球人才已越来越难以与过去相比，文昌人对排球的热情正在逐渐消退，文昌排球早已不如从前，文昌排球已经逐步衰落。但是对于这点，文昌体育界人士却持有乐观的态度，他们觉得文昌排球的发展还是积极乐观的，在全民健身计划的推动之下，乡村排球作为文昌普及率最高、影响最多的全民健身项目，会一直影响着文昌人。发展到现在，文昌的排球比赛也十分普遍，各式各样的比赛对于保持文昌排球的传统起到了十分重要的作用。通过比赛，促进人们之间的交流并且起到提高球员竞技水平的作用，能够有效提升排球的趣味性以及竞技性，增强人们的凝聚力。

2. 文昌华侨对海南排球文化的帮助与影响

文昌同台山一样，不仅是"排球之乡"，同时也是著名的"华侨之乡"。据 2012 年的统计数据显示，文昌市有 59 万人，而归侨、侨眷就有 30 多万人，占全市人口的 60%。文昌作为全国著名的"排球之乡"，文昌人最早进行的排球运动就是通过当地的华侨、华人从海外引进来的。据悉，早在 1917 年，文昌人便开始打排球了，而最早从事排球运动的当属文昌市的东郊镇，因为东效镇去南洋的人较多，由此，排球运动得以引进并且发展开来。1958 年，文昌少年排球队第一次获得全国少年赛的冠军。从此，文昌的男、女排球队便多次在全国赛事上获奖，文昌市"排球之乡"的美称也由此而来，成为文昌的一张重要名片。

体育运动比赛并不是单纯的竞技运动，假如它已经渗透到老百姓的日常生活当中，那它就会成为人们生活必不可少的一个重要组成部分，它会演变成一种文化，反过来影响社会的各个方面。文昌乡村排球正是如此。作为"华侨之乡"，文昌一直以来都深受外来文化的影响，受到以华侨传播的西方文化的影响，排球运动的普及就是一个缩影。走进文昌便可发现，文昌人都有浓厚的排球情结，而这个排球情结也能够折射出文昌的一个文化现象。总而言之，文昌乡村排球较快较好的发展，不但能够体现出文昌市文明程度的不断提升，同时乡村排球的发展也带动了区域文化事业的发展，促进了文昌市整体文化品位的提高，进而促进海南省农村文化建设，推动海南国际旅游岛的建设。

三、海南九人制排球运动介绍

虽然说我国从 1951 年开始便为适应国际排球比赛赛制变化的需要，开始正式推广并且采用六人制排球，但是因为九人制排球于 1927—1951 年在我国流行了二十四年，因此打下了十分广泛的群众基础。直至今日，在我国的部分沿海城市，尤其是一些"排球之乡"，仍然存在着许多九人制排球的爱好者，并且积极参加九人制排球运动。海南人民就是积极推广九人制排球的典范。在海南地区，九人制排球的开展十分普遍，海南人民还结合自身的特点，将九人制排球发展成为一项具有当地特色的传统体育文化。

1. 比赛队员

表 2-1 六人制排球比赛与九人制排球比赛比较表

对比项	六人制排球比赛	九人制排球比赛
每局得分	25 分	21 分
决胜局分数	15 分	21 分
胜一局	25 分且至少胜对方 2 分	21 分且至少胜对方 2 分
胜一场	五局三胜制或三局两胜制	五局三胜制或三局两胜制
技术暂停分数	8 分或 16 分	11 分
决胜局换场分数	8 分	11 分
场上位置	有位置错误	没有位置错误
发球顺序（面对球网）	逆时针方向轮转	从后向前，每排由右向左，其他队员补其位置

　　九人制排球比赛与六人制排球比赛有许多共同点，但是九人制排球也有一些自身的特点（见表 2-1）。一般情况下，在六人制排球比赛的赛场上，队员通常分为二传、主攻与副攻，但是九人制排球比赛对各个位置上的球员却有着不同的称呼。

图 2-1　九人制排球比赛站位图

　　九人制排球网前第一排由三名球员组成，第一排中间负责传球的球员被称为"网中"，在前面扣前快球的球员被称为"快角"，后面扣背快球的球员被称为"死角"。一个队伍中的"快角"与"死角"，通常都会选择起跳速度快、弹跳能力好的队员担任，他们不仅能够组织快攻，或者假装进攻，吸引对方球员拦网，为队友创造进攻的机会，而且能够及时组成 3～5 人的拦网，为后排防守队员减轻压力，甚至能够直接得分。

　　网前第二排也是由三名球员组成，从右到左分别为"二排右""二排中""二排左"，两边的球员起着于六人制排球的二号位以及四号位攻手的作用，一般情况下，都是选择弹跳高、力量大的队员担任，他们专职进行强攻。"二排中"通常是一个球队的核心，一般都是选择技术全面的队员担任，他不仅要在一传到位的时候，依照二传的手势来参与"梯次""夹赛"等战术进攻，或者说应该在一传不到位的情况下进行调整传球，还要在前排队员拦网的时候积极地进行保护，为队友的进攻创造有利的条件。

最后一排同样是由三名球员组成，第三排球员的名称与第二排球员类似，从右至左分别为"三排右""三排中""三排左"，或者叫"后排右""后排中""后排左"。后排的这三名球员，一般情况下都不会直接参与到进攻当中去，他们所要承担的任务主要是防守，所以第三排的球员身高都不会很高，多数都是由一些年纪稍大的队员担任，他们步法灵活，动作十分迅速敏捷，即使四、五十岁也能够进行鱼跃滚翻救球，并且因为长期参加比赛，他们的预判能力、意识以及球感都非常好，从而为防守反击创造出了有利的条件。

2. 比赛规则

六人制排球是当前排球运动发展的主流趋势。六人制排球的发展相对来说比较系统。因此，为了迎合当前排球运动发展的主流趋势，九人制排球的比赛规则也开始趋向六人制排球的比赛规则发展，包括运动员的进场仪式、换人程序，广播稿和记录表，裁判员判罚连击、持球的尺度等。海南省体育局也希望能够通过举办大型的九人制排球比赛，起到一个规范球员作用，并且还能提升观众对排球比赛的认识，从而推动海南排球运动朝着一个正规化的方向发展的作用，使九人制排球能够更好地融入世界排球运动发展的热潮中。

3. 技战术方面

从技术层面上来分析，两种形式的排球比赛没有多大区别，只是因为九人制排球运动主要是在海南省的各个乡镇广泛开展，群众也完全自发参与。同正规比赛相比，九人制排球更具有随意性。因此，九人制排球比赛对于"持球"和"连击"等犯规动作的判罚尺度相对较松。

从战术层面上来分析，九人制排球运动也可以选择六人制排球的战术组合，因为，与六人制排球相比，九人制排球参与进攻和防守的人更多，战术组合也更加灵活多变。在此，作者将九人制排球的运动战术依进攻与防守两方面来简单介绍。

从进攻战术的层面上来分析（图 2-2），通过"网中"将球传给"快角"或"死角"扣快球；传给"二排中"扣半高球组成"夹赛"或"梯次"战术，或传身后，扣"背溜"；传给"二排左"或"二排右"扣强攻。第三排的球员一般情况下都不参与进攻，当其他队员组织进攻的时候，他们上前进行保护，以防止吊球或者打手出界。

图 2-2　进攻阵型站位图

从防守战术的层面上来分析，防守一方应该尽可能保持至少三人进行拦网（图 2-3）。当对方从中间进攻的时候，前排的三名球员应在中间进行拦网，"二排左"和"二排右"在两侧防止打手出界，"二排中"在中间防止吊球，三排队员防打手的球飞向后场外。当对方采取边线强攻战术的时候，由"二排左（或右）""快角（或死角）"和"网中"组成拦网，"二排右（或左）"防小斜线球，"二排中"跟在防守队员身后防吊球，三排队员随对方进攻方向摆动防守，为成功防守提供保障。

图 2-3　防守阵型站位图

四、海南乡村排球的传承

（一）海南省十分重视九人制排球比赛活动的开展

1998 年 7 月，全国中学生排球赛在海南省文昌市举行，这是海南建省以来第一次举办全省九人制排球联赛，这次比赛的举办为海南省九人制排球运动的发展带来了生机。

1998 年，海南省组织举办了首届海南"力加杯"九人排球联赛，自那之后，海南省每年都会举办一届"力加杯"九人排球联赛。

在 2000 年举办的首届海南省运动会上，组委会经过综合性考虑，将九人制排球传统比赛项目列入省运会的比赛项目。

2004 年，在海口市举办的第一届农民运动会上，男子九人制排球被列入正式比赛项目。

2004 年，海南省教育厅为了推动学校体育的发展，在教育厅的支持下，举办了首届全省中小学教师参加的九人制排球比赛。这次比赛共有 13 支球队参加，涉及海南省 13 个市县一百多所中小学的领导以及教师。此后，这个赛事每年举办一届，参加的队伍越来越多，影响也越来越大。

2007 年 10 月 18 日，海南省"群众体育杯"农民男子排球赛在琼海市体育中心举行。

海南省文昌市积极响应国家体育总局的号召，结合实际，以传统的九人制排球运动为重点，精心组织"全民健身与奥运同行"系列活动。例如，2007 年 12 月在北京举行的"天涯海角迎奥运"新闻发布会上，文昌市的传统九人制排球运动成为重点推介的内容之一，进而有效推动了全民健身活动的广泛开展，进一步激发并且引导了广大群众关注奥运、参与奥运的热情，使"全民健身与奥运同行"主题活动所倡导的理念深入人心，并且取得了较好的社会影响效果。目前，仅文昌城乡地区以九人制形式为主组建的排球队就超过 600 支，其中机关队约 30 支，中学生代表队约 30 支，小学生队约 295 支，镇（办事处）排球队约 25 支、村委会排球队约 270 支，几乎涵盖了全市范围内的所有机关单位、村委会，形成了遍地开花的喜人局面。为了使以文昌为中心的九人制排球开展得更加普及，在海南省政府的大力支持以及扶持之下，近几年文昌一直积极举办一些层次以及级别都不同的九人制排球竞赛。

2009 年，为了庆祝中华人民共和国成立 60 周年，并且进一步推动文昌市体育建设活动的开展，由市委宣传部主办、市体育管理局承办了"航天杯"男子九人排球赛，全市共有文城、东郊、铺前、东阁等 17 支代表队参赛，参赛人数众多，比赛精彩不断。参赛队伍来自机关、企业、学校和乡镇、农村，反响强烈，影响广泛。

通过调研发现，海南省九人制排球的发展除了受到政府部门的重视之外，有些学校甚至将九人制排球纳入学校体育教学当中，从而让许多青少年儿童都能够得到较为系统的排球启蒙教育。有些县市还成立了少年体校排球班，来对青少年学生进行业余训练。通过训练，既能够提升学生的排球技战术水平，又能够起到增强学生体质的作用，因而深受学生以及家长的青睐。

与此同时，海南乡村许多荒废的排球场地也已经焕然一新了。以前使用的排球网架大部分都是用竹子或树木制作而成的，现在已经换成了钢管，还能绞拉钢丝，许多乡村地方还设置了灯光排球场。通过这些变化可以看出，海南九人制排球运动在场地方面已经向质量化以及标准化的方向发展。

（二）海南乡村排球在学校的传承

1. 海南乡村排球在中小学的传承

海南学校排球运动的开展非常普及，排球运动在学校是最为普及也是最受欢迎的一项体育运动，大多数学校小学就开设排球课，有自己的排球队。海南省学校内的运动场地以排球场为最多，一所普通中小学校拥有几十个排球场的情况并不鲜见，这为排球运动的开展提供了物质基础。排球是海南所有学校必备的运动器材。在运动器材的管理上，学校采取课余时间以学生登记借球的形式无偿为学生提供用球，为学生参与排球运动提供了便利。海南省排球后备人才的培养，除了传统的业余体校培养和训练之外，中小学排球运动队的训练和比赛也是一条很重要的培养途径。海南省成年男子排球在全国虽然没有什么名气，但海南省学校排球运动却有着非凡的实力。海南省中学生男子排球队在全国中学生排球队当中是威震四方，曾多次获得全国中学生排球赛的冠军。海南省大学生排球队也在全国小有名气，在各级各类大学生排球赛中取得过非常傲人的战绩。

提起海南省中学生排球队，首屈一指的就数海南省文昌中学男子排球队。这是一支历史悠久的队伍，在 1958 年初就成立了，时至今日已走过了 64 年的历程，这 64 年承载了数十代文昌中学生排球运动员和教练员的坚守和执着，承载了推动海南省排球运动普及与发展的重任，也承担了为海南省人民争取荣誉鼓舞群众的重任。

2. 海南乡村排球在高校的传承

海南省由于建省较晚，因此海南省的高校数量较少，海南省公办高校只有海南大学、海南师范大学、海南医学院、琼台师范学院、海南热带海洋学院、海南软件职业技术学校、海南经贸职业技术学院、海南外国语职业、海南政法职业学院这九所高校。虽然海南省的高校只有这几所，各高校办学的历史不长，规模也不大，但是海南省高校排球运动所取得的成绩却很引人注目。在海南省高校排球队中，海南师范大学排球队首屈一指。这是一支战果丰硕的团队，这更是一支有着优良传统的团队。在海南省各种高校排球赛事中，海南师范大学队雄踞榜首，海南高校排球霸主的地位无人能撼动。因此，海南师范大学排球队就代表了海南高校排球运动的最高水平。

五、新媒体时代海南乡村排球文化的传播

（一）新媒体概述

新媒体是一个相对的概念，它伴随着新技术的发展而不断进步、发展。本文所指的新媒体是相对于传统意义上的报刊、广播、电视等大众媒体而言的，是指随着传播技术的发展和传媒市场的进一步细分而产生的新兴媒体和新型媒体。

新兴媒体主要是指网络新媒体和手机新媒体。

网络新媒体是以互联网技术为技术平台的媒体形态，诸如搜索引擎、门户网站、网络报纸、网络出版、网络广播、网络电视、网络社区媒体等。目前，社会上应用广泛的微博就属于网络新媒体的典型代表。

手机新媒体是以无线通信技术和网络信息技术为技术平台的媒体形态，诸如手机短信、手机游戏等。

新型媒体包括户外新媒体、移动电视、楼宇电视等。

新媒体之所以"新"，主要是相对于传统媒体而言的。新媒体的产生主要是基于传统媒体内容新的传播需要，主要表现在传播模式、传播形态、传播效果等方面的创新和变革。新媒体具有互动性、跨时空性、主动性、个性化、草根化、信息量大等特征。新媒体的出现改变了人们接受、传播信息的方式，使传统媒体受到巨大的挑战。

（二）新媒体时代海南乡村排球文化传播策略分析

1. 更新理念，围绕受众展开工作

海南乡村排球文化传播的主要任务在于培养广大人民群众对海南乡村排球文化的了解，并且增加人们对乡村排球运动的参与兴趣，增强人们的锻炼意识，进而提高人们的身体素质。海南乡村排球文化的传播应该做到坚定不移地围绕受众的需求，做到转变思想观念，宣传健康向上的体育价值观，发展并形成一种具有中国精神的、健康向上的、有正能量的体育价值观，努力将之融入普通民众的精神世界当中，以帮助广大人民群众积极、健康地生活。

要坚持"以人为本"的理念，首先要认识到受众的主体性地位。在当前的信息传播过程当中，广大受众人群的被动性地位正在逐步瓦解，受众的"受"正逐渐成为过去式，以数字和网络为标志的新媒体正赋予人们更多的权利，新媒体的竞争也成为当代媒体竞争的一大焦点。与传统意义上的报刊、户外、广播、电视等媒介相比，新媒体以其短、新、快等特点，迅速占领了媒介市场的高地，成为媒介竞争的重要领域，作为新的技术体系支撑之下出现的媒体形态，也为当前新媒体环境下体育文化的传播提供了机遇和挑战。

由于网络传输容量更大、自由度更高，网上直播赛事不仅可以与电视直播同步进行，而且新技术的发展让时事评论成为可能，以弹幕为代表的实时评论方式正在被广大观众所接受和喜爱。由于电视有"延时"的缺点，这让一些网络直播有了在"延时"夹缝中寻找机会的可能，有些网络直播甚至比电视提前相当长的一段时间，而对于体育迷们来说，网络直播没有延迟，还能实时评论，这无疑更具吸引力。因此，在举办一些乡村排球比赛的时候，也可以以网络直播的形式进行，这样可以让更多的乡村排球爱好者通过网络观看比赛，从而增强人们对这项运动的了解，也能够提升海南省乡村排球运动的知名度。

2. 打造品牌，提高竞争力和影响力

品牌是媒介产品附加值的直接来源。创立和维护一个好的品牌，能够帮助媒体实现长远的发展，也会让媒体的路径越走越宽。"快"和"准"是新媒体品牌的源泉。随着新媒体技术的发展，不管是在什么时间、什么地点，只要人们有观看和接收的需要，就可以随时随地获取任何自己想要的体育信息。对于媒体人而言，进行报道时也不需要在获取消息之后迅速赶回电视台或者报社，只需要通过网络传输将有价值的信息传回相关部门即可，甚至可以当场发布。但需要看到的是，与传统的媒介环境相比，新媒体时代的传播环境大大不同。开放性意味着机会的均等，一场国际赛事的转播权，不仅央视网有，爱奇艺、搜狐和优酷同样也有，这时候媒体在提供同质服务的前提下，拼的就是品牌和用户体验了。

与传统媒介相比，除了快，良好的用户体验是新媒体环境下体育文化传播竞争中克敌制胜的关键，也是当下体育新闻能够吸引更多人注意的重要原因。报刊作为传统媒体，经验丰富的编辑在进行编写排版的时候，虽然也能突出重点，但是单纯的文字叙述让很多读者无法直观感受现场氛围。新媒体出现后，可以在传统媒介的基础上配上相应的图片、动图、视频和音频，这样可以让读者非常有效、直观地感受到现场体育赛事的氛围和体育文化精神的传播。因此，新媒体在体育文化传播方面优势就更大，更吸引人了。

3. 将"互联网＋"引入体育文化传播过程

当前，"互联网＋"和"一带一路"倡议正在逐渐影响人们的生活，也同时影响着新媒体的整体发展环境。分析新媒体环境下的体育文化传播特征，应该将互联网的作用放在重要地位。新媒体的"新"，首先是革新：从技术、形式和理念逐步革新。互联网的发展，从技术上改变了媒体发展的环境，同时在传播文化的形式上发生了重大突破，改变了人们的传统理念。互联网的发展，就是对传统媒体的一次革新，所以，互联网的作用应该放在首位。

传播观念的更新是新媒体环境下体育文化传播转型升级的关键性因素。媒体的盈利事实上不应该只限在线上，广告、冠名和赞助传统媒体盈利的"三驾马车"已经是非常陈旧的盈利模式了。应该将互联网和实体经济的交互发展放在更重要的位置上考量，用新媒体环境下体育文化传播的影响力带动线下实体经济的发展，为实现文化产业化提供更有利的技术支持。

随着科技经济的发展，在提高新闻传播时效性方面，以微信和微博为代表的新媒体具有更大的优势。以当前的网络状况而言，体育新闻的网上直播普及程度甚至已经赶超了电视。但是媒体人不应该只满足于将新技术、新方法简单应用于新闻报道上，而应该有更广阔的视野。例如，无人机可以在体育节目的制作中承担航拍或者直播的任务。新媒体技术的线下产业化经营有可能成为新媒体技术未来盈利的重点和关键，应该引起媒介经营者的重视。

（三）新媒体对海南乡村排球文化传播的影响及应用

由于宣传效果独特，吸引力大，传播速度快，传播面广，可以拉近体育与人们之间的社会距离，新媒体逐渐成为体育文化跨国传播、相互交融的有效载体，也是当前最为重要的体育文化传播手段之一。其中，手机、电脑、网络已经成为人们获取体育信息非常重要的工具和渠道。

在百度上搜索乡村排球的关键词，百度贴吧的"琼海吧"以及"中国女排吧"就都有介绍乡村排球的帖子；视频播放网站爱奇艺也有乡村排球的比赛视频；人人网也有关于海南文昌乡村排球的分享；

等等。在互联网高速发展的背景下，人们可以通过网络去了解并且认知乡村排球。随着现在移动客户端的普及，通过 QQ、微信可以轻松分享关于乡村排球的最新资讯，这对于乡村排球的普及具有十分重要的意义。

第三章　海南乡村排球健身文化研究

第一节　《全民健身条例》实施推广的意义

《全民健身条例》（以下简称《条例》）是我国第一部针对全民健身的系统、全面的立法，《条例》的实施进一步丰富了我国全民健身的相关法规体系。相关法规的不断完善，才能够使我国全民健身工作的开展日益法制化，因而实施推广好《条例》对我国群众体育的发展、对全民体育事业的开展意义深刻。

一、《条例》的推广和实施对公民健身权利的保障有重要意义

全民健身的实行可以有效提高居民的身体素质，同时也直接关系着人民群众的利益。从中华人民共和国成立到现在，我国民主法制建设和群众体育在经历了发展和改革的历程之后都取得了不同程度的进步，全民健身的法制化建设也有了一定成就。自我国 1995 年颁布《中华人民共和国体育法》与《全民健身计划纲要》以来，群众体育的法制建设工作突破了突破性的进展，在促进群众体育事业发展方面也发挥着越来越重要的作用。目前，我国正处在社会转型的重要时期，在群众体育法制建设方面还存在很多问题和矛盾，仍需要不断增加立法的力度和深度。《全民健身条例》中规定了在全民健身中公民所享有的权利。"公民依法参加全民健身活动的权利"首次以明确的条例出现在国家法规中，显示了我国"尊重和保障人权"的宪法原则。《条例》的制定促进了我国人民群众健身活动更有效地开展，切实解决人们在锻炼中遇到的困难和问题，使更多的人参与到健身活动中，提升我国居民的身体素质水平，同时，《条例》的制定也标志着我国全民健身事业正向法制化和规范化的方向发展，对我国健身事业的科学发展和长效化机制的建设有着重要意义。

二、《条例》实施能够加快贫困地区体育事业的发展

近年来，我国经济发展速度越来越快，人们的物质生活得到了很大改善，与此同时，人们也开始关注身体的健康。城市中的健身环境和设施都比较完善，全民健身工作发展较好，锻炼身体已经成为人们生活中不可缺少的部分。相比之下，一些经济发展落后的乡村地区，在自然条件、交通等方面都会对人们的健身活动形成一定的制约，再加上这些地区基础教育相对落后，全民健身活动得不到良好的推广。全面健身活动开展的特点就是沿海优于内地，东部地区优于西部地区，城市优于农村。特别是一些弱势群体（老、少、边、穷）比较密集的地区，全民健身活动的开展更是一塌糊涂。针对这些情况，《条例》中明确提出各级体育部门有责任在农民空闲时间或一些传统节日中开展群众健身运动；适当增加乡村和城市的体育建设经费，协调发展全民健身运动；针对一些老年人和残疾人等，将体育设施进行相应调整。

三、《条例》的实施对民族体育发展有重要促进作用

在经济全球化发展的大潮中，西方竞技运动由于政治化和商业化的原因开始在世界各国快速发展起来。竞技体育的主要特征是开展比赛，参赛者以获得比赛胜利或取得优异成绩为主要目标。我国群众体育的发展不能单纯依靠竞技体育带动，那样只会让体育失去最基本的功能和价值，不利于群众身体素质的提高。每个国家和民族都有具有本国特色的体育运动，这也反映了不同国家的文化精神。一个国家的民族文化从根本上影响着这个国家的发展，社会实践能够使民族文化更加丰富。民族传统体育是我国非物质文化中重要的组成部分，民族传统体育不仅在我国民族文化色彩中添加了绚丽的一笔，更是民族文化中重要的实践部分。一方面它是民族文化的一种诠释和表现，另一方面，它又是对民族文化的一种探索。在我国传统体育中，很多体育项目都与节日有关，其中娱乐和游戏的成分居多，竞技部分没有被特别看重。我国很多的传统体育项目在养生、娱乐等方面仍然对现在的体育项目有一定的借鉴价值，因此，我们必须确定体育的民族本位，将我国传统体育进行有效传承，使全民健身的内容更加丰富。

四、《条例》的实施使我国加快速度从"体育大国"转变为"体育强国"

《20 年中国城乡居民参加体育锻炼现状调查公报》明确指出：中国"绝非体育强国"。体育大国主要有三个方面的特征：超越性、制度性和失衡性，因此我国还处在体育大国阶段。我国体育的超越性体现在我国的一些竞技体育项目能够超越我国目前的经济发展水平的限制，取得较高的成绩和荣誉。制度性是指我国体育长期实行举国体制，训练统一化，组织一条龙。失衡性表现在我国竞技体育与大众体育、学校体育、体育产业等领域发展不平衡。我国在 2008 年北京奥运会上取得了金牌第一名的好成绩，一跃成为体育强国，但是当时我国亚健康人群占全国人口的 70%，学生的身体素质连续 20 多年中呈下降趋势，农村体育发展缓慢，在体育产业、体育科技、体育文化、体育教育等很多方面都和发达国家有着很大差距。只有在体育事业全面协调发展，竞技体育达到世界领先水平，群众体育的发展能够提高国民身体素质，才能达到体育强国的标准。从体育大国到体育强国是一个质的飞跃，需要一定的时间才能实现。《条例》的实施和推广使更多的百姓切实享受到体育发展和身体素质提高带来的实惠，促进我国向体育强国的转变。

五、《条例》的实施推广有助于推动和谐社会的发展

经济增长并不是和谐社会的唯一表现，和谐社会要求一个国家政治、经济、文化、体育都能够全面发展。体育能够体现一个国家的综合实力和文明程度，同时体育的发展也标志着人类文明的进步。《条例》要求各级政府必须将全民健身事业纳入国民经济和社会发展规划，将全民健身工作经费列入财政预算，有计划地建设公共体育设施，定期开展公民体质监测和全民健身活动状况调查，制订、调整全民健身计划，并时刻关注落实工作，定期举办群众性体育比赛活动，始终坚持"以人为本"的思想。同时，为促进社会和谐发展，《条例》根据不同人群的特点对全民健身活动进行了进一步的规范。针对农民，要求县级体育主管部门在传统节日和农闲季节组织开展与农村生产劳动和文化生活相适应的全民健身活动；针对青少年学生，规定学校必须保证学生在学校每天能够有 1 个小时的时间进行体育锻炼，并要求基础文化体育

组织、学校和家庭互相合作，引导学生在校外时间参加体育锻炼；针对职工，提出国家机关、企业事业单位和其他机构有义务组织本单位的工作人员进行工间操等。另外，还要求各级体育主管部门在"全民健身日"对社会大众进行免费的健身指导，向群众免费开放公共体育设施。

六、《条例》的推出对我国体育事业的法律进行了完善

《条例》是我国首次针对全民健身所设立的规范，在相当大的程度上保障了全民健身工作的顺利进行。《条例》第五章提到，如果违反全民健身中的相关条例将要承担必要的法律责任。对"学校违反本条例规定的，由县级以上人民政府教育主管部门按照管理权限责令改正；拒不改正的，对负有责任的主管人员和其他直接责任人员依法给予处分"，有效保障了学校体育运动的顺利开展。《条例》的第三十六条与三十七条提出，一些具有危险性的体育项目必须经过有关部门允许才能开展。另外，还强调了任何组织和社团都不能以全民健身的名义来进行非法活动，如封建迷信的宣传和一些损害公民身心健康的行为等。同时还特别指出，有关体育部门的工作人员在全民健身工作中必须严格履行自己的职责，不能滥用职权。

第二节　海南乡村排球运动与全民健身的融合

海南省现阶段正处在建设国际旅游岛的重要时期，在《全民健身计划》实施的背景下，对群众体育的发展也是非常重视的。乡村排球是海南省的一项特色运动，一直受到人们的喜爱，也对人们的健康有良好的促进作用，所以其在全民健身项目中的推广获得了很好的成效。因而，海南省文体厅不仅在全民健身运动会中安排九人制排球的比赛，还会在日常生活中组织群众进行乡村排球的娱乐运动。在 2017 年海南省全民健身运动会男子九人制排球比赛中我们就能感受到人们对排球运动的喜爱，从场上的队员到场下的观众都热情高涨，不管天气如何恶劣，比赛的热情都没有减少分毫。（图 3-1、3-2）

图 3-1　烈日下比赛

图 3-2　雨中比赛

排球运动是海南群众非常喜爱的一项运动，在日常生活中，随处都能看到进行排球运动的人群。作者对 934 名海南群众进行了调查，其中经常参加排球运动的人就有 625 人之多，占总调查人数的 66.9%，由此可以了解到排球运动在海南省的普及程度是非常高的。

图 3-3　文昌乡间，孩子们在打排球

　　排球运动在海南省尤其是一些乡镇和社区中开展得十分广泛，一直深受海南人民的喜爱，排球运动不仅丰富了海南人民的业余生活，同时对全民健身运动也有着非常重要的推进作用。

　　2017 年 8 月，由海口市文体局举办的"爱海口·动起来"2017 全民健身运动推广季——农民排球邀请赛在秀英区永兴镇杨跃村拉开帷幕。此次参赛队伍共有 16 支，采取的是单场淘汰制，然后决胜出最后的冠军队。这次比赛吸引了不少农民群众的呐喊和助威。

　　这次农民排球邀请赛的举办就是为了让全民健身运动得到更好的推广，使广大群众意识到运动的价值，更多地了解排球运动，不断丰富农民群众的文化生活。

　　总而言之，海南省的乡村排球运动和全面健身运动有效融合在一起，并在全面健身运动的推广上发挥了非常重要的作用。

第三节　海南乡村排球运动健身新形式

一、公园排球

　　公园排球就是在公园中进行的排球运动，一块空地和一张球网就可以满足公园排球运动的设备需要。公园排球运动规则比较简单，掌握起来也非常容易。公园排球取消了前后排及换人次数的限制，并且没有固定发球人员，相对于气排球或者沙滩排球而言，公园排球的规则更加简单,更容易使人快速地了解这项体育运动。公园排球的比赛用球,球体大且软,球速较慢,能够避免初学者练习排球时造成的小臂红肿或是手指挫伤,并且前后排限制的取消,使比赛中过于激烈的身体对抗较少,来回球的次数增多,使公园排球的安全性和趣味性增加。

公园排球的开展优势主要有以下三点。

(1) 适合乡村体育设施现状

公园排球对场地要求较小,只要有一块空地就可以,在公园、城市广场或者草地上都可以进行,在水泥地上铺上地胶,在草皮上支起移动网架就可以开始,而且公园排球的场地规格与羽毛球的大小相同,只要调整网的高度就可以实现一场两用。

(2) 具有广泛的硬排群众基础

在民间有一大批排球爱好者,他们掌握了高超的硬式排球技术,由于公园排球和硬式排球的技术类似,通过对他们进行有目的、有计划的培训,可以使他们快速地掌握公园排球的教学与训练的理论方法,能够为公园排球的推广普及打下基础。

(3) 有其他娱乐排球成功推广经验的启发

公园排球作为排球家族中的新成员,在推广普及的前期,可以总结和借鉴其他娱乐排球项目推广的方法和策略,避免在推广普及公园排球的道路上走很多弯路,从而加快公园排球的推广和普及的脚步。

公园排球的开展应以广大人民群众为依托,通过社区或者单位,给人民群众提供科学的指导与训练;同时,在高校的体育教学中,也应注重公园排球运动的宣传,让学生了解该运动项目,然后通过学生带动公园排球运动的发展,为其在群众中的发展奠定基础。应加强公园排球的媒体宣传工作,使项目的开展、比赛的推广等通过媒介的传播,快速地被群众接纳,这样才有利于公园排球运动的推广与普及。

二、沙滩排球

(一) 沙滩排球基本概述

沙滩排球作为一项奥运会正式比赛项目,在全球范围内开展得十分广泛。相对于六人制排球来讲,它对比赛场地以及比赛器材的要求更加简单,在比赛的过程中又能够享受阳光、海风以及沙滩,因而深受人们的喜爱。世界排球运动较快较好的发展,也带动了我国排球运动的发展与普及。海南省作为一个海岛省份,作为一个排球运动发展较好的地区,对于开展沙滩排球具有得天独厚的优势。2008 年北京奥运会沙滩排球场地所用的踩沙就来自海南省东方市八所石英砂矿场。在北京奥运会上，中国选手田佳/王洁获得了女子沙滩排球的亚军，薛晨/张希获得了女子沙滩排球的季军。在沙滩排球发展的短短十几年时间里面，我国沙滩排球经历了从无到有，从弱到强，实现了成绩跨越式进步。

自从沙滩排球传入我国，并且被列为全运会的正式比赛项目之后，海南省体育局就十分重视沙滩排球运动的发展，将沙滩排球列为海南省优先发展项目之一，并且从 1997 年开始，每年举行全省少年沙滩排球锦标赛，设有男子甲、乙、丙组，女子甲、乙、丙组；甲组年龄在17~18岁之间，乙组年龄在 15~16 岁之间，丙组年龄在 14 岁以下。2017 年在金江镇博潭小学举办的海南省青少年沙滩排球锦标赛，就有来自海口、三亚、文昌等 7 个市县的 14 支代表队的 158 名选手参赛。

图 3-4　2017 年海南省大中学生沙滩排球赛在琼海海桂学校举行

　　虽然说海南省沙滩排球的发展具有得天独厚的条件，但是也仍然存在着沙滩排球队伍少、沙滩排球运动员的身体素质以及技战术水平有待提高、缺乏优秀的沙滩排球教练员等问题。总而言之，海南省沙滩排球的发展，应该利用海南省的气候优势。在海南国际旅游岛建设的背景下，还应该利用沙滩排球来促进海南省体育旅游产业的发展，通过沙滩排球比赛来吸引更多的游客，进而促进旅游业的发展。

图 3-5　2014 年海南省沙滩排球锦标赛在文昌高隆湾举行

　　近些年来，全国性的沙滩排球活动也多选择在海南省开展，如
2017 全国沙滩排球巡回赛总决赛在海口举行。
2017 年全国沙滩排球冬训在海南文昌进行。
2017 海南青少年沙滩排球体验营在文昌开营。

图 3-6 国家沙滩排球集训队的运动员们亮相海口并与市民进行互动

图 3-7 全国沙滩排球冬训在文昌进行

图 3-8 海南青少年沙滩排球体验营在文昌开展

（二）沙滩排球比赛规则与场地器材

1. 沙滩排球比赛的主要规则

要想进一步了解沙滩排球，则必须熟悉其比赛规则，因为比赛规则对沙滩排球的一些本质特征与发展趋势都有影响。

（1）沙滩排球的比赛方式

在沙滩排球比赛中，每个参赛队伍都由两人组成，两队球员分别在由球网分开的沙滩场地上进行比赛。球员要将球击过球网，使其落在对方场区内才能够得分。每个队伍最多可击球 3 次并将球击回对方场区（包括拦网触球）。沙滩排球比赛是由发球队员击球，球越过球网飞向对方场区开赛的，比赛应该是连续进行直至球落地、出界或某一队不能合理地将球击回对方场区为止。

通常都是以三局两胜制来进行裁判的，赢得两局的队伍方可获得比赛的胜利。在比赛当中，一个队胜 1 球可以得 1 分（采用的是每球得分制）。接发球队胜 1 球时得 1 分，并且还可获得发球权。每次换发球的时候，必须要轮换发球队员。除决胜局之外的任何一局比赛，先得 21 分并至少领先对方 2 分的队伍获得比赛的胜利。当比分处在 20：20 的时候，比赛需要继续进行，至某队领先 2 分（例如，22：20，23：21）为止。在决胜局，则是先得 15 分并且至少领先对手 2 分的队伍获得比赛的最终胜利。

（2）沙滩排球的主要规则

沙滩排球的比赛规则与室内六人制排球的比赛规则有一些相同的地方，同时也存在着一些不同之处。

①沙滩排球每个参赛队伍只能有两名运动员参赛，而且每队的两名运动员都必须要从头到尾全程参加比赛，不能替换运动员，并且国际排球联合会也有明确规定，在沙滩排球正式比赛当中，不允许教练在场上进行指导。

②沙滩排球运动员可以站在本场区的任何位置，因此在发球的时候不存在位置错误的问题。但是必须要依次发球，如果发球次序出现错误，则会被判失发球权。

③沙滩排球运动员张开手，利用手指进行"吊球"，并且将球直接吊到对手的场区内视为犯规，但是允许用手指戳或者用指关节击球。

④球员用上手传球，轨迹不垂直于双肩连线完成进攻性击球为犯规。

⑤如果双方球员同时做网上击球，在这种情况下，允许短时间的

"持球"，比赛仍可继续进行。

⑥假如球员在比赛的过程当中受伤，受伤的球员可以请求获得 5 分钟的受伤暂停时间，但是一场比赛当中每名队员只有一次受伤暂停的机会。

⑦每当比赛过程中双方比分累积至 7 分（第一、二局）、5 分（第三局），或 7 分、5 分的倍数的时候，对战双方将立即交换比赛场区。

⑧在一场比赛的过程当中，每局每队最多只能请求 1 次暂停，每次暂停时间为 30 秒。在第一局和第二局的比赛当中，当双方比分累积到 21 分的时候，有 1 次 30 秒钟的技术暂停时间。

2. 沙滩排球的场地与器材

（1）沙滩排球场地介绍

沙滩排球的比赛场地包括比赛场区以及无障碍区。比赛场区为 16 米×8 米的长方形。场地边线外和端线外的无障碍区至少宽 5～6 米，比赛场地上空的无障碍空间高度最少为 12.5 米。沙滩排球比赛场地的地面为水平的沙滩，沙滩必须有 40 厘米深，并且需要保证比赛场区沙子里面没有石块、壳类以及其他一切可能造成运动员损伤的物品。比赛场区上所有的界线宽为 5～8 厘米，无中线与进攻线，界线与沙滩的颜色必须能够区分开来，并且还需要由抗拉力材料的带子构成。

①沙滩排球球网

沙滩排球比赛的球网设在场地中央中心线的垂直上空，男子沙滩排球比赛时的球网高度为 2.43 米，女子沙滩排球比赛时的球网高度为 2.24 米。球网长 8.50 米，宽 1 米（±3 厘米）。标志杆是有韧性的两根杆子，长 1.80 米，直径 10 毫米，由玻璃纤维或类似质料制成。两根标志杆分别设置在标志带的外沿、球网的两侧。

②沙滩排球比赛用球

沙滩排球比赛所使用的排球，一般都是用柔软和不吸水的皮革、人造皮革或类似材料制作而成，以适应室外条件，即使在下雨的情况下也能够正常比赛。球内装有橡胶或者类似材质制成的球胆，球体表面的颜色通常是黄色、白色、橙色等明亮显眼的浅色。沙滩排球所用球的圆周为 66～68 厘米，质量为 260～280 克，气压为（1.715～2.205）×10^4 帕。

③沙滩排球比赛服装

沙滩排球运动员所穿的服装包括短裤或者泳装，可穿上衣或胸衣，可戴帽子。

假如没有获得裁判员的特许,运动员都必须赤脚打球。

运动员身上的号码都必须是 1 和 2,且号码必须在胸前或者是在短裤前。

运动员可以佩戴眼镜或者太阳镜进行比赛,但由于佩戴眼镜比赛造成的所有后果都由运动员自己全权承担。

比赛场地附近都有水源,以便在比赛的间隙向场地洒水进行降温。记录台一侧、两边无障碍区应设置太阳伞、椅子之类的物品,以供运动员暂停、局间休息的时候使用。比赛场内必须要保证有饮水供应。

三、软式排球

(一) 软式排球的基本介绍

软式排球,是一项既符合竞技体育,又符合全民健身的新兴体育运动项目。与普通的硬式排球相比,软式排球具有球重量轻、体积大、飞行速度较慢、不易挫伤手指等特点,所以更便于开展,适合不同年龄、不同身体状况的人。软式排球运动在 2000 年开始在全民健身活动中推广,深受中老年人喜爱。软式排球的运动负荷相对适中,对场地要求宽松,促进老年人的新陈代谢和身体健康,所以非常适合进行休闲娱乐。同时软式排球运动也为老年人提供了一个很好的交流机会,对老年人的心理健康也非常有帮助。

图 3-9　中老年人打软式排球

经常参加软式排球运动,可以有效地提高运动者的身体素质,改善运动者的心肺功能。软式排球作为一项集体性运动项目,同时具备其他集体性运动项目所具有的培养运动员团队精神以及合作能力的作用。当前,软式排球运动已经在全世界范围内得到了推广,并且已经制定出了相应的竞赛规则。在我国，许多高校也开设了软式排球课程，这对于推动全民健身运动的广泛深入，促进学生身体素质水平的提升，实施开展的素质教育，都具有重要意义。

（三）软式排球比赛器材和规则特点

1. 软式排球比赛的器材

（1）球

软式排球比赛用球是由柔软的材料制作而成的，并且要能够适应室内外比赛。颜色应是浅色。软式排球圆周：成人组，65～67厘米；青少年组，63～65厘米。质量：成人组，220～240克；青少年组，200～220克。在同一场比赛当中所选用的球，无论是球的特性，还是球的圆周、质量、牌号等都必须是统一的。国内正式比赛所用的球必须是中国排球协会批准指定的球。

软式排球比赛用球必须具有一定的弹性，衡量其弹性的标准为：在2米空中将球抛下，球的反弹高度不能低于50厘米。

（2）软式排球球网

球网高度为男子2.35米、女子2.20米。青少年组软式排球比赛的球网高度可适当降低。

2. 软式排球比赛规则特点

在比赛过程当中，击球的时候不允许持球与连击；有限定的发球次序；四人制比赛当中，不分前后排，允许所有球员在网前进行进攻性击球以及拦网；六人制软式排球比赛需按六人制规则进行，九人制排球比赛则就按照九人制排球规则进行。软式排球的比赛规则特点如下：

（1）当前，国际上还没有制定出一个正式的关于软式排球的比赛规则。

（2）软式排球比赛可以以多种不同形式开展。例如，家庭制、三人制、四人制、5五三百人制等。

（3）成人组、家庭组和12岁以下组球的周长为66±1cm，重量为150±10g，10岁以下组球的周长为64±1cm，重量为150±10g。

（4）发球队员必须在肩以下部位将球击出，即下手发球。

（5）持球和连击的尺度放宽。

（6）在比赛过程当中，场上的运动员能够随意进行站位，不存在位置错误的问题，但是有发球次序的相关规定。

（7）在比赛过程当中，在死球的情况下，可以不经过裁判进行换人，同时也不需要定位换人，但是必须要在裁判鸣哨示意发球之前完成换人工作。

（8）每局比赛之间的休息时间为 2 分钟。

（9）在此没有单独列出来的规则同六人制排球一致。

四、趣味排球

趣味排球以趣味性为主。各地人民依据当地的风俗和其兴趣爱好等创造出形式多样的趣味排球活动。在海南乡村较为流行的趣味排球主要有凳子排球、头脚排球、一次性击球过网、站立击球过网等。凳子排球一般采用一对一或二对二的对抗模式。为安全起见，一般使用塑料材质的凳子，比赛中要求参赛者只能使用凳子接触排球。头脚排球是人们为增加趣味性和难度，联想木头人游戏发明的一种新的排球打法。头脚排球最主要的规则是发球后，参与者只能用头部和脚部接触排球，这要求参与者有较强的灵敏素质和空间感，对球的高度和速度有准确的判断。一次性击球过网和站立击球过网则是相对"文明"的排球打法，即要求参与者接球后必须一次将球击过球网或者击球时必须站立进行，不能垫球后再击球过网或者在跑动中将球击出。

图 3-10　凳子排球

图 3-11　凳子排球比赛

图 3-12　头顶排球过网

五、气排球

（一）气排球基本概述

气排球运动作为一种新型的排球运动形式，是一种较适合老年人参与的排球运动形式，起源于 20 世纪 80 年代。最早形态是呼和浩特济宁铁路分局的职工利用气球在室内进行的健身游戏，之后，经过不断地实践以及摸索，开始利用孩子玩耍的塑料球来代替气球，又参照六人制排球的规则制定了出了简单的竞赛规则，并且将这种排球形式命名为"气排球"。气排球运动是我国首创的，因为极具竞技健身性以及娱乐观赏性，迎合了不同年龄层次人群的不同需要，极具开展价值。

现如今，我国的许多地区都成立了气排球协会，气排球活动的形式也从组织性发展为组织性与自发性相结合的形式，参与气排球的人群由老年人逐渐拓展到中年人，现在很多青少年学生也喜欢参加气排球锻炼，气排球走进了高校，许多高校都将气排球作为一种娱乐性的排球方式，向学生介绍推广。

图 3-13　老少皆宜的气排球运动

经过三十多年的发展，我国气排球已经具有了丰富的技术含量，《气排球规则》的制定，也使其比赛规则更加完善。气排球作为排球家族当中的后起之秀，虽然出现的时间不长，但影响力却越来越大，与硬式排球、软式排球、沙滩排球一起，并称四大排球。海南省作为排球大省，气排球的发展自然也很好，2016 年举办的海南省首届"椰岛杯"全国老年人气排球邀请赛，获得了较好的口碑。

海南省老年人体育协会

关于举办海南省首届"椰岛杯"全国
老年人气排球旅游邀请赛邀请函

各省、自治区、直辖市、计划单列市、新疆生产建设兵团、
各行业老年人体育协会：

习近平总书记视察海南时指示：海南要以国际旅游岛建设为总抓手，争创中国特色社会主义实践范例，谱写美丽中国海南新篇章。极大地鼓舞了海南人民建设国际旅游岛的积极性。碧海蓝天，气候迷人，风景如画，胜似夏威夷的海南岛，随着旅游业的发展，体育旅游正在兴起。为进一步推动气排球运动的广泛深入开展，根据全国各地气排球友的要求，海南省老年人体育协会与海南游覆体育旅行俱乐部（该俱乐部拥有"N"次组织老年人体育旅游比赛的丰富经验，赛事遍及海南、云南、桂林、厦门、昆明等地），拟定于2016年3月24日—30日在海南省海口市（省高级体育运动技术学校）举办首届全国老年人气排球旅游邀请赛，热烈欢迎组队参加。

附：竞赛规程

2016年1月

图 3-14　首届"椰岛杯"全国老年人气排球邀请赛邀请函

（二）气排球比赛场地与规则特点

1. 气排球比赛场地

（1）气排球的比赛场地长 12 米、宽 6 米，场地四周必须要有 2 米以上的无障碍区，并且在比赛场地上空，从地面起最少要留有 5 米的无障碍空间。

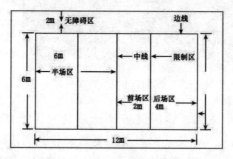

图 3-15 气排球的比赛场地示意图

（2）场地所有的界线宽为 5 厘米。界线的颜色应是与地面不同的浅色。边线和端线的宽度包括在场地内。

2. 气排球的比赛方法与规则特点

（1）气排球的比赛方法

①在一场气排球比赛当中，每个队伍各 5 名运动员，运动员将在一个长 12 米、宽 6 米的球场中进行比赛。气排球比赛采取的是三局两胜制。

②与六人制排球相比，气排球的比赛规则更加简单，首次参与气排球运动便可进行比赛，更具趣味性与娱乐性，同时由于气排球比赛所使用的球体更加轻软，对球员手指的伤害很小，具有更强的安全性。

（2）气排球的规则特点

①男子气排球比赛与女子气排球比赛的球网高度有所不同，男子比赛的球网高度为 2 米，女子比赛的球网高度为 1.8 米。比赛场区内距离中线 2 米的地方设有一条限制线，这条限制线将场区划分为前场区与后场区。

②气排球比赛中规定，一次发球得分轮转（即发球得分后，场上球员不能够再进行连续发球，应该换另一个球员发球）。

③在进攻的时候，球员必须要在距离中线 2 米的限制线后方将高于球网上沿的球打入对手的场区当中。

第四章 海南乡村排球运动
竞赛文化的研究

第一节 海南乡村排球重大赛事介绍

一、政府经常举办各类乡村排球比赛活动

海南是一个地理位置独特、多民族杂居的地区，因此也造就了形式多样的民族传统体育项目，其中，乡村排球就是广受欢迎的体育项目之一。从以往的活动开展情况来看，海南省对乡村排球运动的发展是十分重视的，这一点从各级政府对于排球比赛的组织开展情况就可以得到证实。表 4-1 为政府举办的主要排球赛事类型以及参赛队伍类型的统计表，充分说明了在国际旅游岛建设的要求下，海南省通过举办大量高水平的乡村排球赛事来推进乡村排球运动发展的决心。

表 4-1 政府举办的主要赛事统计表

比赛	参赛队伍
海南省农民男子九人排球赛	以城镇、社区和乡镇农民为代表的基层群众
海南省九人排球联赛	机关、企业、学校和乡镇农村
"力加杯"九人排球联赛	市、县、学校、社会和单位
定安·天九杯海南、广东九人排球对抗赛	来自广东和海南的强队
"中国体育彩票飞鱼杯"海南省排球联赛	市、县学校、社会和单位
海南省四强九人排球邀请赛	定安县、海口市、文昌市和澄迈县代表队
海南省职工运动会男子九人制排球赛	在编工会会员或离退休人员
"体彩杯"海南省排球联赛	海南省人民群众

（一）海南省农民男子九人排球赛

这一赛事在海南已举办多年，其形式是以乡镇为单位进行比赛。赛事的开展不但推动了农村的全民健身运动，也使农民的业余文化生活更

加丰富多彩，在健身的同时愉悦身心。下面对海南举办的农民男子九人排球赛的基本情况按时间顺序做下介绍。

2012 海南省农民男子九人排球赛在海南省文昌市潭牛镇举办，经过激烈角逐，文昌市文城镇代表队夺得桂冠，澄迈县金江镇代表队获得第二名，第三名则是海口市永兴镇代表队，第四名为定安县定城镇代表队。

图 4-1　2012 海南省农民男子九人排球赛在文昌举行

图 4-2　2012 海南省农民男子九人排球赛比赛现场

图 4-3　文昌代表队的冠军奖杯

2013 海南省农民男子九人排球赛在海南省文昌市举办，文昌队代表队获得冠军，海口代表队与澄迈代表队分别获得亚军和季军。

图 4-4　2013 年海南省农民男子九人排球赛的通知

2014 年 5 月 23 日，由海南省文化广电出版体育厅主办，海南省体育总会、澄迈县文化广电出版体育局承办，澄迈县农村信用合作联社协办的 2014 年农信杯海南省农民男子九人排球赛在澄迈县加乐镇隆重开幕。来自海口、三亚、琼海、文昌、万宁、澄迈、东方、临高、定安、陵水、白沙等141个市县的代表队参加了开幕式。此次排球比赛于5月22日开幕到5月26日结束，开幕当天的比赛就精彩跌宕、扣人心弦，吸引了众多农民群众观看。

图4-5　2014年海南省农民男子九人排球赛比赛现场图

2015年，临高县举办了"荣丰混凝土杯"海南省农民男子九人排球联赛。在此次比赛中，文昌队获冠军，澄迈队居第二获亚军，海口队和临高队分别位居第三、第四。参加此次比赛的共有11支球队，分别是海口代表队、琼海代表队、东方代表队、陵水代表队、文昌代表队、三亚代表队、定安代表队、澄迈代表队、白沙代表队、临高代表队、万宁代表队。比赛采取海南传统的九人赛制，分临城镇和南宝镇两个赛区进行。比赛分为两个阶段，第一阶段采用分组单循环制，第二阶段采用交叉比赛形式。

2016年安定农民运动会九人排球赛虽然属于乡镇排球比赛，但也十分精彩。2月18日定安农民运动会九人排球赛落幕，定城镇代表队获得此次比赛第一名，龙河镇和翰林镇代表队分获第二、第三名。2月18日上午，随着主裁判的一声哨响，比赛正式拉开帷幕。虽然连日来的阴雨天气使初春的定安有点寒冷，但这丝毫没有影响到运动员们的竞技热情。精彩的比赛也吸引了许多排球爱好者到场观赛，近千余名观众欢声鼎沸、掌声雷动。经过激烈的角逐，定城镇代表队从10支代表队中突围，获得第一名，龙河镇和翰林镇代表队分获第二、第三名。

图 4-6　定安农民运动会 9 人排球赛现场图

　　2016 年海南省举办全民健身运动会，农民男子九人排球赛在白沙灯光球场举行。本次比赛的主办单位为海南省人民政府，承办单位为海南省体育总会、海南省文体厅和白沙黎族自治县人民政府。此次比赛共有 9 支代表队参赛，分别是海口市秀英区代表队、澄迈县金江镇代表队、三亚市吉阳区代表队、临高县临城镇代表队、定安县龙河镇代表队、琼海市长坡镇代表队、东方八所镇代表队、文昌市文城镇代表队、白沙打安镇代表队。最终，海口市秀英区代表队夺得冠军、文昌市文城镇代表队、澄迈县金江镇代表队分获亚军和季军。

图 4-7　海口秀英区代表队和文昌文城镇代表队的冠军争夺战

　　2017 年海南省全民健身运动会农民男子九人排球赛在临高县举行。比赛分为分组单循环制和交叉比赛两个阶段进行。此次比赛还设置了奖金，前八名均有奖励，其中第一名奖金 8000 元，第二名奖金 6000 元，第三名奖金 4000 元，并设立了体育道德风尚奖。九人制排球是一项具有海南省传统特色的体育项目，尤其在农村开展较为广泛，深受广大农民欢迎。九人排球赛的举办对丰富农民的文体生活，促进全民健身活动的开展，推动体育事业发展都具有非常重要的作用。此次比赛的主办单位为海南省人民政府，承办单位为海南省文化广电出版体育厅、海南省体育总会，协办单位为临高县体育服务中心。

图 4-8　2017 年海南省全民健身运动会农民男子九人排球赛在临高县举行

图 4-9 2017 年海南省全民健身运动会农民男子九人排球赛比赛现场

（二）"体彩杯"海南省排球联赛

海南省发行体育彩票筹集公益金用于兴建海南省体育训练馆、体育场、网球场等大型体育设施，填补了海南省大型体育设施建设的空白；用于全民健身活动的开展及全面健身路径的建设，用于举办省运会及省内其他赛事的举办。发行体育彩票、筹集公益金在支持及促进海南省体育事业和社会公益事业发展中发挥着积极的作用。

海南省九人制排球赛是海南省传统体育项目的精髓，是海南民众喜闻乐见、参与广泛的群众性体育活动，海南省九人制排球赛已连续举办十年之久，深受广大民众喜爱。此次排球联赛共有海口、文昌、琼海、定安、澄迈、临高、屯昌、海南师范大学等 8 支代表队参赛。联赛主会场设在文昌市体育馆，但为了推动海南省排球运动的普及和发展，为更多群众提供观摩比赛的机会，活跃农村观众的文化生活，组委会特在文昌市抱罗镇政府大院和东路镇蛟塘村安排了四场比赛。

图 4-10　海南体彩杯赛事现场图

（三）2016 海南省九人排球精英赛

作为 2016 三亚"全民健身日"系列体育活动首个运动项目的广东"海商杯"海南省九人排球精英赛于 8 月 3 日完成了 15 场次的对决比赛，最终由海口队夺得冠军，获得奖金 2 万元；亚军被三亚队摘取，获得奖金 1.5 万元；季军被文昌队取得，获得奖金 1 万元。

承办赛事的海南云木文化体育发展有限公司创始人云木表示，本次比赛的成功举办，将推动海南九人排球精英赛以总站、分站、分节赛等形式覆盖海南各市县，将其打造成能够走向世界的海南顶级本土排球赛事品牌。目前，海南九人排球精英赛已经初步设立了三亚总部、文昌站、海口站等站地机构。广东海商相关负责人表示，海南九人排球精英赛的成功举办是广东海商积极参与海南家乡事业建设的开始，未来将通过赛事提升广东海商在海南的影响力。

图 4-11　广东"海商杯"海南省九人排球精英赛冠军争夺战

第二节　乡村排球比赛相关知识介绍

一、乡村排球比赛的特点与价值

（一）排球比赛的特点

1. 比赛目标的竞争性

竞争性是任何一项比赛的固有属性，排球比赛也不例外。参赛双方的直接目标都是战胜对手，获得胜利。为了实现这一目标，比赛双方充分运用身体、战术、技术、智能和心理等方面的能力进行激烈的竞争。

2. 比赛规则的制约性

在比赛中，为了实现战胜对手、争取胜利的目标，比赛双方都会拼尽全力，想尽各种办法，但这些必须在比赛规则限定的范围内进行，必须受比赛规则的制约。

3. 比赛条件的公平性

排球比赛条件的公平性体现在比赛场地的选择、器材的使用以及比赛规则的通用等方面。只有具有公平性的比赛才能保证比赛的顺利进行，才能吸引更多人的注意，也才利于比赛本身的持续发展。

4. 比赛信息的扩散性

一场排球比赛的进行，参与者不仅仅是参赛双方，更有裁判员、组织者、管理者、媒体以及广大观众的热情参与。因此，赛事本身的基本信息、比赛成绩以及竞赛精神等都会传播到更广阔的区域，也正是这种扩散性使排球运动的开展得以在更广阔的天地中进行，使得排球文化得以继承和传播。

5. 比赛过程及结果的随机性

每个运动员的临场状态都是随时变化的，其技战术水平的发挥也会有所变化，而运动员的心理状态也是影响比赛的主要因素之一，因此，比赛的过程和结果都有很大的随机性。也正因为这一随机性，使得比赛常常产生给人意料之外的精彩。

（二）排球比赛的价值

没有竞争就没有进步。排球比赛是排球发展的动力之一，是排球项目不断发展的重要内容。同时，作为一种途径和手段，排球比赛也是排球教学的重要部分，是排球训练的主要方式。排球运动的宣传、推广和普及也离不开排球比赛。

1. 健身价值

竞技性的排球比赛对于参与者的运动价值是不言而喻的，在高负荷的运动过程中，运动员身体的各项机能都得以锻炼和提升。而业余的、群众性的排球比赛，对于全民健身的开展，提升全民身体素质也有着巨大的意义。

2. 竞技价值

排球比赛具有竞技价值，主要体现在比赛中球员的全心投入，力求让自身所具有的各种竞技能力最大限度地发挥出来，包括体能、技能、心理能力与智能。

3. 商业价值

现代社会中，体育产业、体育经济日益繁荣。排球比赛的商业价值也越来越受到重视，并且得到不断开发。从人类历史来看，体育比赛的功能主要体现在更新传统观念、促进人类和平、丰富文化生活、推进经济发展等方面。而在21世纪，体育比赛促进全球经济和文化融合的作用越来越受到重视。

4. 观赏价值

排球比赛具有很高的观赏价值。人们在欣赏比赛时，可以为运动员完成的各种技术动作叫好，也可以受到美的熏陶，提升审美价值。

5. 宣传价值

随着对排球比赛的关注度越来越高，越来越多的人被各类排球比赛所吸引，因此也让其宣传价值得以体现。不但运动员本身备受人们关注，他们的衣着、鞋、帽都会受到人们的关注，各类媒体也会纷纷对比赛进行宣传报道。这当然也成为各类广告商和投资商进行宣传的主战场。排球比赛不但具有实际的商业宣传价值，也具有文化宣传价值。赛场上的拼搏精神、排球文化等都在影响着比赛的参与者和观看者。

二、比赛的主要规则

乡村排球是一种赛前协商约定规则的运动，它以九人制排球规则为基础，结合六人制排球规则，同时考虑双方人数、实力等因素来进行规则制定的。

（一）九人制乡村排球规则

九人制乡村排球比赛场地为 10 米×20 米，双方上场队员各九名，分三排站位。一般情况下从靠近网开始算，第一排是二传手，主司二传，左右以打快球、拦网见长；第二排中为快攻手、强攻手兼二传手，接应左右两名队员为强攻手；第三排的三名队员均为防守队员，其主要任务是接、发球、防守。一旦比赛位置固定，九名队员分工明确，比赛过程位置不轮换，每名队员的特长得以充分发挥。比赛采用每球得分制，以某队先得 21 分并领先对方两分（如 21：19，24：22）判为胜一局，无最高限分，采取五局三胜制。九人制排球的规则特点主要有三点：一是场上队员位置不轮转，固定由一名或若干名队员发球，每一名队员都可以在任何高度进行进攻性击球和拦网；二是持球和连击尺度放宽，但不鼓励捧、捞、携带球等动作；三是女子比赛球网的高度为 2.24 米，男子比赛球网的高度为 2.43 米，球网的高度可依年龄、性别做适度的调整。以下详细对比九人制排球与六人制排球规则上的区别（表 4-2）。

表 4-2　九人制排球与六人制排球规则上的区别

九人制排球规则	2017 年国际排联排球规则
1. 比赛面积 1.1 面积 比赛场区为 20 米×10 米的长方形，其四周至少有 3 米宽的无障碍区。 比赛场区上空的无障碍空间从地面量起至少高 7 米，其间不得有任何障碍物	1. 比赛面积 1.1 面积 比赛场区为 18 米×9 米的长方形，其四周至少有 3 米宽的无障碍区。 比赛场区上空的无障碍空间从地面量起至少高 7 米，其间不得有任何障碍物

续表

九人制排球规则	2017版国际排联排球规则
2. 球 2.1 五球制（三球制） 采用五球制或三球制，设4名捡球员，无障碍区的4个角落各1人。 2.2 得一分，胜一局 采用五局三胜制，每局先得21分并领先对方2分为胜一局，无限最高分。 2.3 胜三局的队胜一场 如果2：2平局时，决胜局（第五局）打至21分并领先对方2分则获胜	2. 球 2.1 五球制 国际排联世界和正式比赛应采用五球制，设6名捡球员，无障碍区的4个角落各1人，第12裁判员后面各一人。 2.2 得一分，胜一局，胜一场 采用五局三胜制，每局（决胜局除外）先得25分同时领先对方2分为胜一局，无最高限分。 2.3 胜一场 胜三局的队胜一场，如果2：2平局时，决胜局（第五局）打至15分领先对方2分者获胜
3. 比赛队 3.1 队的组成 3.1.1 一个队最多有12名队员，另加1名教练员，最多2名助理教练员，1名理疗师和1名医生	3 比赛队 3.1 队的组成 3.1.1 一个队最多有12名队员，另加1名教练员，最多2名助理教练员，1名理疗师和1名医生
4. 场上队员的位置 4.1 九人制排球场上9名队员上场，场上队员的位置不轮换，无固定位置。 4.2 不分前后排。 4.3 只按事先排定的发球顺序依次发球。 4.4 任何队员都可以在任何高度进行进攻性击球和拦网	4. 场上队员的位置 4.1 六人制排球场上只能6名队员上场，场上的队员必须按照固定的位置站位。 4.2 分前、后排站位，前排3名、后排3名。 4.3 队员按照轮转次序进行发球。 4.4 后排队员不能进入进攻线（3米线内或踩3米线）进行进攻性击球和拦网，只允许前排队员进行进攻性击球和拦网
5. 自由人 九人制排球场上没有自由人	5. 自由人 5.1 六人制排球场上可以有1名自由人，若备用必须有2名自由人，上场的自由人只能在后场进行进攻性击球和拦网。 5.2 场上也可以没有自由人

（二）其他形式的排球规则

乡村排球除了九人制以外，还发展出很多其他形式，以趣味性和适合群众参与见长，如三对二、一对三、一对一等，甚至发展出操器具击球的形式，如手持板凳或砖头等。规则是比赛双方在赛前商定的。比赛形式的增多不但增加了参与者的兴趣和挑战性，也极大地调动了观看者的兴趣，从而使乡村排球更受群众欢迎。

（三）乡村排球比赛规则的演变

竞技排球技战术及规则都已发展到了极高的水平，对参与者的身体素养、心理素养、技战术素养以及场地器材等方面的要求越来越高。但群众排球运动参与者水平参差不齐，有一部分人水平很高，甚至可以与专业球员相比，但有一部分人水平较差，难以适应竞技排球运动。从普及群众排球运动的角度来看，对绝大部分的群众来说主要是如何利用排球来健身、娱乐来改善自身的身心状况，以达到身心健康的目的。因此，开发出形式多样、生动有趣、简单易玩的排球运动形式是很有必要的。

在实地调查中发现，乡村群众排球运动，不受竞技排球规则的限制，大胆创新，已开发出了一些群众排球运动形式的新手段。群众另类排球运动形式的开发手段主要有：（1）改场地法。人们身边的或现有的场地往往不符合规则要求，此时，变形式、就地取材式、创新改造式的场地应运而生，如小场地排球、低网的排球。

（2）改规则法。人们为了享受排球运动，根据实际情况大胆地对原有规则进行"简化""变异"，使竞技排球难度降低，调整人数，增加趣味，增设情境。如三人制排球。

（3）改器材法。在改造器材方面，将排球网改为可升降式，以适应不同身高、不同水平的人的需要。另外，还可以根据不同人的需要创造各种各样的球用于群众排球运动，如可以将之变小，气压变低，涂上不同的颜色等。

（4）运动升级法。运动升级法是指把练习性球类游戏、某种单项技术进行升级，改造成新的运动项目。人们把练习时的游戏进行加工改造，或通过增减一定的游戏规则和情节，产生出新的运动形式，如"排球游戏"；或者把某种单项技术的不同运动形式竞技化，产生一种新的、独特有趣的运动形式，如传、垫、扣、发球比准比赛，单脚站立、单手垫球比赛等。

（5）适应特殊群体改编法。根据某些特殊人群新特点改编或创造新的运动项目，如让残障人士也能享受到排球运动的快乐，进行排球运动。

第五章　海南乡村排球发展的前景研究

第一节　海南乡村排球运动自身的经济开发

由于排球竞赛具有强大的社会渗透力和巨大的社会影响力，强烈吸引着成千上万的球迷和社会公众，可以形成巨大的广告宣传效应，从而带来巨大的经济效益和社会效益，由此产生了排球等体育竞赛特有的具有品牌效应和商业价值的"无形资产"，包括竞赛、表演的电视转播权，竞赛、表演的承办权，排球竞赛品牌的冠名权，排球团体、球队、球星等名字或标志的使用权，竞赛表演中的服装、用品特供权或赞助权，竞赛表演过程中的广告权等。排球运动的经济价值主要体现于几大消费市场：一是排球竞赛表演市场，如职业排球联赛、商业排球比赛、大型运动会的排球比赛及表演赛等；二是排球健身娱乐市场，如排球俱乐部、球迷协会等；三是排球人才市场，如运动员、教练员、体育指导员及体育管理人才等；四是排球培训服务市场，如排球学校、排球夏令营及教练员、裁判员、经纪人等的培训；五是排球金融保险市场，如对运动员个人或团队的保险，建立排球基金等；六是排球信息市场，如排球书刊、报纸的发行，排球广告的经营与发布，体育电视、广播的转播与经营，排球技术与方法的研究与应用推广等；七是排球用品市场，如各种排球用品的生产、批发与零售等。总之，无论是排球比赛的观赏还是排球健身活动所需的各种用品、器械，以及其他排球消费，都体现出了排球运动巨大的经济价值。从以上分析的排球运动的几大消费市场来看，文昌市群众排球运动的经济开发还有很大空间。根据对文昌市体育局领导的采访和对现场群众的调查，文昌市群众排球运动经济开发才刚刚起步，甚至有些方面还没有进行开发。例如，排球竞赛品牌的冠名权，现在形成规模的比赛有，每年一届的"'力加杯'海南省九人排球联赛"。此项赛事从 1998 年开始，每年举办一届，均由海南亚洲太平洋酿酒有限公司独家赞助，到 2017 年已经举办了 18 届。"力加杯"九人制排球赛是海南省非常有特色的体育品牌，深受海南群众的欢迎。"'雪碧'

文昌市三人制排球赛"由海南中粮可口可乐饮料有限公司和文昌市体育局共同举办，今后也将成为文昌市每年一届的常规赛事。事实上，每年在文昌市举行的排球比赛有很多，政府机构将有组织地举办排球赛事，让排球赛形成一定的规模，打造成一个品牌。文昌市委宣传部表示要将"云木杯"纳入 2017 年文昌市"南洋文化节"活动中。"云木杯"艺体精英赛致力于打造根植文昌，覆盖海南，拓展全国，走向世界的顶级本土艺体赛事，为弘扬家乡的文化体育精神贡献力量，将"排球之乡"的排球文化传承下去，同时也将为文昌艺术发展提供更好的平台、提供更专业的舞台。

一、海南乡村排球文化促进海南经济的发展

随着国民经济的发展，人民生活水平的提高，海南的九人制排球由乡村的传统娱乐项目走向竞技，通过举办体育赛事可以促进人们对体育的关注并参与到体育运动中。在海南的东部地区有的地方排球赛事举办得较为频繁，特别是一些乡镇的华侨、企业老板为庆祝节日或生意兴隆，资助乡村进行排球比赛，以丰厚的奖金吸引着各地的排球高手，热闹非凡。如果是在县市举办高水平的排球赛，门票、广告业、和商业等也是一笔可观的收入。如，1998 年全国中学生排球赛在文昌体育馆举行，十天的赛事场场爆满，到了决赛当天，由东道主队对上海队的比赛，球票爆炒到 300 元一张。还有最近几年的"春光杯"中国大学生排球联赛总决赛的球市也是非常火爆，高水平的比赛吸引了海南各地的球迷，特别是碰到本土球队海南师范大学的比赛，那更是一票难求。同时通过球赛，把海南的传统企业"春光"食品通过赛事推销到全国，现在来海南旅游的旅客都会买"春光"食品。因此球赛促进了海南经济的发展，提高了企业的知名度。课题组成员亲临了"春光杯"2013—2014年中国大学生排球联赛总决赛，比赛在"排球之乡"——文昌举办，比赛时间为 2014 年 4 月 20 日—4 月 26 日，总决赛赛程为期七天，参加男子组比赛的队伍有：江苏大学、海南师范大学、中南大学、昆明理工大学、山东财经大学、北京交通大学、中国石油大学、中国人民大学。参加女子组比赛的队伍有：南京大学、中南大学、南昌大学、南京信息工程大学、山东师范大学、北京航空航天大学、北京体育大学、山东大学。经过七天的激烈角逐，中国人民大学代表队获得男子组冠军，山东财经大学代表队、海南师范大学代表队名列男子组二、三名；北京航空航天大学代表队获得女子组冠军，山东师范大学代表队、南京大学代表

队名列女子组第二、三名。另外，海南春光食品有限公司、海南电信公司、红树湾度假酒店获得了此次赛事的体育贡献奖。海南师范大学林明祥教练，前国家女排主力队员、现任北京航空航天大学女排教练杨昊都获得了此次赛事的优秀教练员称号。据了解，文昌中国大学生排球联赛是经中国大学生体育协会批准、中国大学生体育协会排球分会主办的全国高等院校排球比赛，目前已发展成为国内规模最大、参赛人数最多的大学生排球赛事，也成为海南省的一大品牌赛事，对推动海南排球事业的发展具有重要意义。

图 5-1　男子组比赛现场

图 5-2　女子组比赛现场

图 5-3　颁奖仪式

图 5-4　海南师范大学队

图 5-5　优秀教练颁奖仪式

二、以各种高水平赛事带动海南省排球运动

海南政府部门对内不仅要搞好自己的排球联赛，做好自己的排球普及发展工作，还要想方设法引进国内、国际各级各类大型的排球赛事，以扩大海南排球运动的影响力，坚持"走出去，引进来"的战略方针。海南要想引进六人制室内排球专业比赛并没有什么大的优势，海南既没有专业排球队，又没有比较先进的排球场馆。但是经过近几年的发展，海南省建了多个专业的排球场馆。以文昌排球馆为例，作为一个专业、高级别的比赛场馆，文昌排球馆的建设为引进高水平赛事提供了场馆支持。文昌排球馆的建筑总面积为 12823 平方米，建筑高度为 19 米，一层主要为比赛场地、运动员和新闻媒体入口大厅，二层主要为观众入口平台、观众休息厅以及看台，排球馆顶棚由两部分构成，分别是铝锰镁板和透光的阳光板，具有很强的抗风抗雨能力，同时能提供良好的采光效果，达到节能的目的。排球馆内设有东、西两个看台，每个看台上整齐排列着 16 排蓝色座椅，每排约 60 个座位。另外，比赛场地还备有 200 多个黄色的机动座位，可容纳 2000 多名观众观看比赛。有优秀的专业场馆、排球氛围以及球迷的支持，进一步提高了文昌"排球之乡"的知名度，也为当地引进高水平赛事提供了条件。因此，2016 年 7 月 5 日，海南现代科技集团与八一男子排球俱乐部在北京解放军八一体工大队篮排球训练馆正式签约，文昌市市委书记陈笑波，文昌市副市长李小山，海南现代科技集团董事局主席邢诒川、董事局副主席邢青涛，以及八一体工大队大队长朱玉青、八一体工大队政委徐剑等出席了签约仪式。签约后海南现代科技集团将全权经营 2016 年至 2019 年全国男排联赛八一男排全部主场，同时标志着八一男子排球队主场正式落户海南文昌。

图 5-6　八一男子排球队主场落户海南文昌签字仪式

2016 年 10 月 24 日下午，"2016—2017 中国男子排球联赛文昌赛区"新闻发布会在文昌市海天花园酒家正式举行。

图 5-7　"2016—2017 中国男子排球联赛文昌赛区"新闻发布会现场

此次新闻发布会结束之后，八一男排也于 2016 年 10 月 30 日在文昌市排球馆对阵江苏队，迎来八一男排在文昌主场的第一次比赛。在这场比赛当中，八一队在主场以 3∶0 的绝对优势战胜了江苏队。当天，比赛双方都派出了精锐球员应战，江苏队派出了以张晨为队长的强有力阵容参赛；八一队方面则派出了仲为君等七人参赛。

八一男子排球队是一支朝气蓬勃、勇于进取的男排劲旅，组建于1951 年，先后夺得全国冠军 16 次、亚军 14 次、季军 15 次。在国际上曾 5 次蝉联国际军体世界男排锦标赛冠军、1 次世界军人运动会冠军，以辉煌战绩享誉国内外。江苏男排也是一支十分优秀的排球队伍，曾经多次斩获全国冠军和全运会冠军。双方此次交战也可以称得上是势均力敌。八一队在海南的首秀就为广大球迷带来了一场十分精彩的排球视觉盛宴。

作为八一队在文昌主场的第一场比赛，受到了海南球迷的热烈追捧，球迷们表现出了极大的热情，并且身着统一服装前来为主场球队加油助威。在第一局的比赛中，八一队就以紧密的配合给江苏队施以高压，并且以 25：18 拿下了第一局；在第二局比赛当中，江苏队不甘示弱，紧追而上，一度取得了领先了主队 8 分的优势，但八一队迅速调整状态并进行顽强反击，以 25：23 的比分险胜江苏队；第三局的比赛成为关键局，双方都进行了激烈的角逐，观众的情绪也异常高涨，在全场一次次的加油鼓劲中，八一队保持了良好的状态，最终以 25：19 拿下了第三局，获得了文昌赛区首轮比赛的胜利。

图 5-8　八一男排对战江苏队比赛

　　总而言之，八一男排主场成功落户文昌，对于每个文昌人而言都称得上是一件大喜事。文昌人离不开排球，当然排球也离不开文昌人，每一个文昌人都对排球有着特殊的情感，与其说是热爱这项运动，不如说是排球已经成为文昌人生活中必不可少的一部分。此次签约八一男子排球队主场经营，将助力推动文昌排球体育文化精神的发扬光大。

　　除此之外，海南省大、中学生排球锦标赛的举办规模也越来越大，对于推动海南省排球事业的发展具有重要意义。本课题调研组成员就亲临 2017 "云木杯"海南省大、中学生排球锦标赛的赛事现场,进行了现场调研。

本次比赛共有来自海口、琼海、文昌、定安、澄迈、三亚等 8 个市县 22 所大学和中学的 35 支参赛队伍在文昌进行精彩角逐。比赛设大学男女专业组、大学男女普通组、中学男女组共 6 个组别。其中大学男女专业组、大学女子普通组、中学女子组采用单循环赛制进行,大学男子普通组、中学男子组则采取先小组循环后交叉淘汰的赛制。

本次赛事各支代表队赛出了风格,赛出了水平,展现出了"友谊第一,比赛第二"的良好风貌,将海南省大、中学生的风华正茂、抖擞精神淋漓尽致地展现了出来。

获得"云木杯"海南省大、中学生排球锦标赛前三名的球队。

大学男子专业组:海南师范大学、海南大学、琼台师范学院。

大学女子专业组:海南师范大学、海南大学、海南热带海洋学院。

大学男子普通组:海南职业技术学院、海南经贸职业学院、海南外国语职业学院。

大学女子普通组:海南经济贸易学院、海南工商职业学院、海南医学院。

中学男子组:文昌中学、琼山中学、澄迈二中。

中学女子组:琼山中学、文昌中学、海口市。

图 5-9　秩序册

图 5-10　2017 海南省中学生男子组冠军之战

图 5-11　2017 中学生排球赛女子组激烈比赛

图 5-12　男子组：澄迈中学对屯昌中学

图 5-13　文昌中学与琼山中学激烈争夺

图 5-14　2017 海南省大学生排球赛成绩表

图 5-15　海南外国语职业学院热情洋溢的迎接各学校的运动员到来

图 5-16　比赛现场图

图 5-17　大学女子普通组

图 5-18　大学男子普通组

图 5-19　课题调研人员担任记录工作

图 5-20　现场调研员与大中学生排球赛裁判长合影

除了引进高水平赛事之外，海南政府领导也开始转换思路，利用海南得天独厚的气候和海滩资源大做沙滩排球的文章；不仅注重培养海南省的沙滩排球运动员，还想方设法引进一些大型的国际、国内知名沙滩排球赛事。例如，2008 年，海南政府举办了"世界沙滩排球巡回赛——三亚公开赛"，世界沙滩排球巡回赛三亚公开赛在海南三亚已经成功举办了两届。从 2009 年开始举办"亚洲沙滩排球锦标赛暨国际沙滩狂欢季"，此项赛事连续五年落户海口。这项赛事规格高、规模大、户外运动特色凸显，是一次亚洲顶级的沙滩排球运动盛会。赛事吸引了亚洲最优秀的沙排队伍和选手参赛，共有 16 个国家和地区派出 48 支（男女各 24 支）球队参赛。这些赛事的举办不仅吸引了无数沙滩排球爱好者前来观战，推动了海南旅游经济的发展，而且又一次捧热了海南省排球运动。

图 5-21　全国青年沙滩排球锦标赛

第二节　海南乡村排球特色体育旅游项目开发策略

一、实行"走出去"战略

党的十七大报告中提道："坚持对外开放的基本国策，把'引进来'和'走出去'更好地结合起来，扩大开放领域，优化开放结构，提高开放质量，完善内外联动，互利共赢、安全高效的开放型经济体系，形成经济全球化条件下参与国际经济合作和竞争的新优势。"这也是我国"走出去""引进来"战略的深层次发展。"走出去"战略是国务院结合当前的国际形势和我国社会经济发展的内在需求而做出的重要决定，有效促进了我国开放型经济的发展，是实现我国经济发展，与世界各国共同进步的有力政策。

九人制排球运动是我国排球运动历史上重要的过渡，对我国排球的发展有重要的意义。乡村排球运动的规则就是以九人制排球规则为基础制定的，但是乡村排球的娱乐性和参与性都相对较强。乡村排球运动是一种更适合广大群众参与的排球运动形式，是海南人民经过不断的探索和研究创造出来的一种排球对抗形式。可以说它是海南人民智慧的结晶。海南政府应该大力推广这种排球运动形式，使之发展成为具有当地特色的传统体育项目。乡村排球运动应该充分利用海南国际旅游岛建设的契机向更大的空间发展，不断丰富我国全民健身的内容和形式。

二、将乡村排球打造成重要的旅游项目

海南建设国际旅游岛重点发展项目就是海南的旅游业，将海南打造成开放之岛、绿色之岛、文明之岛、和谐之岛。海南省的乡村排球运动已经成为当地的一项民俗运动，在春节、庙会等一些重要节日中，人们都会通过举办乡村排球比赛来庆祝。海南省有很多少数民族，多样化的民族特色吸引着来自四面八方的游客。无论是大型的排球联赛，还是乡镇自发组织的比赛，都能够吸引众多观众，在这些观众中，除了当地人之外，许多是从外地赶过来观看比赛的，游客在欣赏当地优美环境的同时，更重要的是体会当地的风土人情。乡村排球运动是展示海南省特色体育文化的重要运动，应将其打造成海南省重要的旅游项目，使体育产业和旅游产业相结合，在旅游业中注入更多的体育和健康元素，有效提高海南旅游业的国际化水平。

图 5-22　灯光排球场与室内排球场观众爆满

图 5-23　室外沙滩排球场地吸引众多游客停下脚步观看

三、将乡村排球打造成海南特色赛事品牌

乡村排球运动是海南最具特色的传统体育项目之一。海南政府应该抓住乡村排球独有的民族特色，将其发展成为海南的标志性运动。体育旅游的发展是要建立在一定的体育资源和设施的基础上的，它也是旅游业中重要的组成部分，体育旅游作为旅游商品结合了健身、娱乐、休闲、交际等各种服务于一身，给游客带来精彩的体验。乡村排球运动是海南体育旅游中的重要项目，举办乡村排球赛，吸引更多游客前来观看和参与，不仅能够提高当地旅游经济的发展，同时也会让人们对当地有更多的了解。海南乡村排球赛的举办对海南旅游业的发展起到了直接促进作用。

四、为乡村排球申请非物质文化遗产

乡村排球运动是海南省特有的排球运动形式，为了更好地保护这项体育文化，海南省政府应该为乡村排球运动申请非物质文化遗产。在传承和发展这项运动的同时，同样推进了海南旅游业的发展和建设。

五、以学校为平台广泛开展，使青年一代不断接受熏陶

排球运动属于一项技术性较强的运动，只有掌握一定的排球技术才能真正感受到排球运动的乐趣。排球运动要求参与者具备全面的技能。对于大部分学生来说，实际掌握的技术很难应用到比赛中，所以需要专业指导。排球运动由于对技术动作的要求比较高，知名度和影响力也远不如足球和篮球等运动，所以想要在学校中推广这项运动也不是十分容易。和六人制排球相比，乡村排球运动的规则比较简单，在海南几乎家喻户晓，即使是一点基础都没有的学生也能很快掌握其中的技巧。

课程大纲规定，学校可以根据实际情况，结合自身教学特点开设一些有地方特色的体育课程。学校可以将乡村排球运动开发为校本课程，让学生积极参与到乡村排球运动之中。以学校为平台，让学生从小接触乡村排球运动，推进乡村排球运动的发展。

六、借助网络、电视等媒体进行大力宣传

手机、电视、网络已经成为当下重要的传播载体，为日常生活中舆论导向、实事报道、信息传播、娱乐放松发挥着重要的作用。因此，海南乡村排球运动的发展和传承也要充分利用这些媒体平台，使乡村排球运动有更广阔的发展空间。

（一）构建多元化网络平台，全方位提供信息

当今时代，网络的发展速度可以说是非常惊人，电子产品的更新速度和发展水平也让人赞叹，人们可以通过这些电子产品和网络了解到世界各地的新闻，"手机控""电脑控"也随之出现了。最初的手机只有接打电话、发送短信的功能，但是智能手机出现以后，手机的功能不再仅限于此，看电视、看新闻、看直播等都能通过手机来实现。海南乡村排球可以充分利用网络的便捷条件，在网上多做宣传。网络传播最突出的特点是速度快，范围广，不仅限于国内，甚至能够将信息传播到世界的各个角落，海南乡村排球运动可以通过这种方式进行宣传，从而吸引更多游客。

推进体育类社会团体管理网络建设。充分发挥体育总会和各级、各类体育协会在群众体育活动中的桥梁、纽带和组织作用，创新思路，积极组织赛事和体育健身活动。利用网络传播的形式对乡村排球进行宣传需要制订适合的宣传方案，聘请专业人员进行网络策划，要能够体现出海南乡村排球的真实面貌和海南人民的真实生活，只有引起人们的共

鸣，才能吸引更多的游客。

（二）创建专门电视频道，借助热门电视台适度宣传

建设海南国际旅游岛，就必须要有海南的专属品牌。乡村排球运动是海南省特有的体育项目，海南省政府必须加大乡村排球运动的宣传力度，将乡村排球运动打造成海南省的特色品牌。现阶段，我们从电视中了解到的乡村排球的内容非常有限，也就是说海南省并没有利用好电视这个宣传平台。针对海南省乡村排球在电视中的宣传我们提出以下两点意见。

第一，开设专门的乡村排球文化频道，制作关于乡村排球的特别节目，对乡村排球在娱乐和文化方面的价值进行宣传。还可以对乡村排球的比赛进行现场直播或转播，人们在观看比赛的过程中也就自然增加了对乡村排球运动的了解。

第二，充分利用热门电视台的宣传作用，在人们看电视的黄金时间段开发专门的乡村排球节目。现代社会中，人们的压力不断增大，而观看综艺节目能够有效缓解压力。可以针对这种情况创立一些轻松、搞笑的综艺节目，类似的如"男生女生向前冲""奔跑吧，兄弟"等节目的收视率就非常高。

总之，发展与传承海南乡村排球文化的有效路径很多，但探索具有开创性和海南省特色的体育文化，能更好地服务于海南国际旅游岛的旅游业发展。本文所能提供的仅是一些见解，希望在国际旅游岛的背景下海南乡村排球文化能得到更好的发展，让海南的特色传统体育项目能够更好地传承下去。

参考文献

[1] 刘晓树．空中飞球——排球［M］．北京：二十一世纪出版社，2015.

[2] 刘云民，王恒．排球教学与训练［M］．哈尔滨：哈尔滨工程大学出版社，2016.

[3] 何维彦，谢大伟，孙成．排球［M］．北京：清华大学出版社，2015.

[4] 曾黎．排球技术教学方法与训练［M］．成都：西南交通大学出版社，2015.

[5] 廖钟锋．现代排球技战术创新发展与实战训练探析［M］．北京：中国书籍出版社，2014.

[6]（日）米山一朋．图解排球技术和战术［M］．北京：人民邮电出版社，2016.

[7] 黄汉升．球类运动——排球（第三版）［M］．北京：高等教育出版社2015.

[8] 中国排球协会．沙滩排球竞赛规则2013［M］．北京：人民体育出版社，2014.

[9] 中国排球协会．排球竞赛规则2013—2016［M］．北京：人民体育出版社，2013.

[10] 张欣，孙敬，李军．排球、沙滩排球竞赛规则与裁判法解析［M］．北京：人民体育出版社，2015.

[11]（美）塞西尔·雷诺．排球技术与战术教练指导手册［M］．北京：人民邮电出版社，2016.

[12] 于贵和．软式排球、沙滩排球、气排球理论与方法［M］．北京：北京师范大学出版社，2015.

[13] 梁晶晶．2014年世锦赛中国女排技战术特点分析［D］．长春：东北师范大学，2015（5）．

[14] 王敏．公园排球在全民健身中的推广研究［D］．郑州：河南大学，2016.

[15] 王晓欢. 国际旅游岛背景下海南乡村排球发展现状与趋势的研究 [D]. 海口：海南师范大学，2014.

[16] 任雅琴. 国际旅游岛背景下海南乡镇体育公共服务体系的构建研究 [D]. 海口：海南师范大学，2015.

[17] 李新华. 国际旅游岛背景下海南休闲体育发展策略研究 [D]. 海口：海南师范大学，2011.

[18] 黄丽虹. 海口乡村旅游发展的问题、前景与对策研究 [D]. 海口：海南大学，2015.

[19] 管媛媛. 海南国际旅游岛文化建设研究 [D]. 海口：海南师范大学，2013.

[20] 吴坤泰. 海南农村体育发展现状与对策研究 [D]. 南昌：江西农业大学，2013.

[21] 王辉. 海南体育旅游目的地竞争力研究 [D]. 海口：海南师范大学，2014.

[22] 段兴军. 排球"海南现象"研究 [D]. 兰州：西北师范大学，2010.

[23] 陈泽辉. 全国排球之乡——广东台山大众排球运动衰退影响因素的分析研究[D]. 昆明：云南师范大学，2015.

[24] 汪焱. 影响我国群众性排球运动普及的主要因素研究 [D]. 福州：福建师范大学，2003.

[25] 陈传秀，周仁端，王玉兰. 海南乡村排球发展现状及影响因素分析 [J]. 体育世界，2014（05）：23-24.

[26] 李丽，孔令建，潘兵. 侨乡台山九人制排球文化的特征与保护 [J]. 体育科技文献通报，2015（06）：18-19.

[27] 张亚平. 广东台山"9人制"排球运动文化成因与延续之研究 [J]. 运动，2013（04）：154-155.

[28] 罗远标，梁丽凤，韩学民，倪伟. 国际旅游时代海南社区居民健身研究 [J]. 延安大学学报(自然科学版)，2015（1）：107-112.

[29] 吴深. 海南排球运动发展初探 [J]. 新西部，2012（11）：49-50.

[30] 马宝壮. 海南文昌乡镇排球比赛特征的调查分析 [J]. 湖北体育科技，2015（04）：308-310.